CONTRATO DE TRANSAÇÃO

CONTRATO DE TRANSAÇÃO

2023

George Ibrahim Farath

ALMEDINA

CONTRATO DE TRANSAÇÃO
© Almedina, 2023
AUTOR: George Ibrahim Farath.

DIRETOR ALMEDINA BRASIL: Rodrigo Mentz
EDITORA JURÍDICA: Manuella Santos de Castro
EDITOR DE DESENVOLVIMENTO: Aurélio Cesar Nogueira
ASSISTENTES EDITORIAIS: Larissa Nogueira e Letícia Gabriella Batista
ESTAGIÁRIA DE PRODUÇÃO: Laura Roberti

DIAGRAMAÇÃO: Almedina
DESIGN DE CAPA: Roberta Bassanetto

ISBN: 9786556279053
Agosto, 2023

Dados Internacionais de Catalogação na Publicação (CIP)
(Câmara Brasileira do Livro, SP, Brasil)

Farath, George Ibrahim
Contrato de transação / George Ibrahim Farath. --
São Paulo : Almedina, 2023.

ISBN 978-65-5627-905-3

1. Contratos 2. Direito civil - Brasil 3. Negócio
jurídico 4. Transação (Direito) - Brasil I. Título.

23-158258 CDU-347.44(81)

Índices para catálogo sistemático:

1. Brasil : Contratos : Direito civil 347.44(81)

Eliane de Freitas Leite - Bibliotecária - CRB 8/8415

Coleção IDiP
Coordenador Científico: Francisco Paulo De Crescenzo Marino

Este livro segue as regras do novo Acordo Ortográfico da Língua Portuguesa (1990).

EDITORA: Almedina Brasil
Rua José Maria Lisboa, 860, Conj.131 e 132, Jardim Paulista | 01423-001 São Paulo | Brasil
www.almedina.com.br

A Deus, Uno e Trino, sempre;

A meus Pais, Lia e Ibrahim; à minha Chérie; à "Peuga"; ao Prof. Alberto;

E, em saudosa memória, a meus Avós; à Da. Fátima; ao Prof. Junqueira; e

Ao Prof. Tomasetti, meu Orientador, que me presenteou com o tema deste livro.

PREFÁCIO

A obra que o leitor tem em mãos é o resultado de dissertação de mestrado defendida na Faculdade de Direito da Universidade de São Paulo no já longínquo ano de 2003. O intervalo de vinte anos para a publicação não se deve à necessidade de atualizar ou de corrigir o texto. Muito ao contrário, a publicação fora recomendada com ênfase pela banca, capitaneada pelo saudoso e rigoroso Professor Alcides Tomasetti Jr. (o orientador do trabalho), porém a excessiva modéstia do autor – e uma certa aversão à exposição, incomum nos dias que correm – o levou a negligenciar a recomendação.

Conhecedor das inúmeras qualidades do trabalho – ao qual recorri nos últimos vinte anos sempre que precisei aprofundar os estudos da transação – foi para mim um grande orgulho ter persuadido o George a, finalmente, dar a obra ao público. Afinal, trata-se, sem sombra de dúvida, da principal contribuição que o tema recebeu na literatura nacional nos últimos vinte anos, o que não é pouco dada a gigantesca relevância, teórica e prática, da transação.

Impecavelmente estruturado, o livro conta com três capítulos (excluindo-se o último, atinente às conclusões). O primeiro cuida dos elementos da transação. O autor examina, em sequência e com invulgar rigor, os elementos essenciais à transação – a reciprocidade de concessões e a prevenção ou o término do litígio – a causa da transação e a sua natureza contratual.

O segundo concentra-se em uma análise estrutural da transação. À partida, investiga o autor a concepção da transação enquanto ato extintivo de posições jurídicas, criticando-a por tomar como essencial o que é, meramente, eventual. Em seguida, passa em revista as concepções contratualistas, para concluir, também, por sua insuficiência. Com efeito, figura multifacetada, a transação também pode se estruturar por meio de uma união de negócios jurídicos, como o demonstra, com clareza, o autor.

O terceiro capítulo aborda a eficácia da transação. Nesse particular, o autor demonstra que a categoria do "negócio jurídico de fixação" se mostra apta a conciliar as eficácias – constitutiva e declarativa – da transação.

Ancorada em substancial doutrina estrangeira (notadamente italiana, alemã, francesa e portuguesa), o texto ora publicado é um convite à reflexão que não se esgota na transação, desbordando para temas capitais da teoria do contrato e do negócio jurídico. Leitura obrigatória, pois, para todos os estudiosos de tais áreas.

Conheci George Ibrahim Farath nos bancos da Faculdade de Direito do Largo São Francisco. Desde então, e por quase trinta anos, tenho a honra de privar de sua amizade. Oxalá assim possamos continuar, e que o George possa nos brindar sem demora com a publicação de outros escritos (dentre eles a sua bela tese de doutoramento, sobre a ação de direito material).

São Paulo, 12 de junho de 2023.

Francisco Paulo De Crescenzo Marino
Professor Associado da Faculdade de Direito da USP

SUMÁRIO

INTRODUÇÃO

Propõe-se o presente trabalho a apresentar uma contribuição à análise dogmática da transação. Como texto de dogmática, cinge-se, fundamentalmente, à análise do direito positivo brasileiro, em especial dos artigos dedicados à figura no Código Civil (arts. 840-850 do Código Civil de 2002; arts. 1.025-1.036 do Código Civil de 1916); nesta medida, não contém seção alguma dedicada, especificamente, ao exame do direito comparado, conquanto se refira à legislação e doutrina estrangeiras, no que sejam relevantes ao tratamento da matéria.

O tema, assim indicado, resulta evidentemente amplíssimo, o que não é aconselhável em trabalhos acadêmicos. Todavia, assim precisávamos tomá-lo, ao menos de início, pois que a figura necessita de intensa análise *sistemática*. Com efeito, o desenvolvimento das concepções acerca do contrato, do negócio jurídico e da relação jurídica suscita o reexame da figura à luz não apenas do sistema jurídico, mas do sistema da ciência do direito. É tarefa que não se cumpre nem se encerra num simples texto, menos ainda numa dissertação de mestrado, mas que, pela sua amplidão, pode admitir, pareceu-nos, alguma contribuição mesmo dos que se encontram nos estágios iniciais da pesquisa jurídica. Com este espírito procedemos à pesquisa.

Necessário, como dito, proceder-se à análise sistemática da transação. Destarte, procuramos examinar, com as nossas limitações, os elementos que caracterizam a transação, a estrutura da figura e sua eficácia (exame que determinou, também, certa análise do conteúdo, ou do possível conteúdo, da transação), ressaltando, tanto quanto nos fosse possível, suas relações mútuas e, ao mesmo tempo (ainda que introdutoriamente), alguns limites das concepções expostas.

Estes três eixos em que se desenvolveu a pesquisa acabaram por determinar a estrutura do texto de qualificação e, posteriormente, da dissertação, dividida esta em três capítulos principais, respectivamente, "Elementos da transação", "Natureza jurídica e estrutura da transação" e "Notas sobre a eficácia da transação", a que se acresce um capítulo de síntese, intitulado "Observações finais". O sistema traduziria, em princípio, a ordem em que deve proceder a investigação jurídica, ao menos a de tipo dogmático, dos elementos de existência de uma determinada figura para o exame mais completo de seu conteúdo e, por fim, de sua eficácia. Contudo, as relações mútuas entre os tópicos da pesquisa, e o escopo de evidenciá-las, determinaram certa necessidade, em alguns momentos, de antecipar, ainda que brevemente, o exame de determinados temas, e por vezes mesmo apontar certos limites às concepções expostas, ainda antes de havê-las tratado mais detidamente. Tal ocorreu, especialmente, em relação à eficácia da transação (ou a certa eficácia que pode apresentar a transação).

Identificamos, como elementos necessários à transação, as concessões recíprocas, que se devem fazer as partes, e a referência, contida no negócio, à "prevenção ou término do litígio", referência esta determinada a partir da *causa* (causa-função) da figura. O Capítulo I foi, assim, dedicado ao exame da reciprocidade de concessões e da causa da transação, buscando-se examinar as relações entre o negócio jurídico e sua causa e determinar, quanto possível, o impacto desta na disciplina da transação. Este exame, contudo, não se pôde desenvolver integralmente no Capítulo I, ficando ao Capítulo II (dedicado, como se observou, à natureza jurídica e estrutura da transação) a análise dos aspectos relevantes da causa (ou da referência feita à causa) relativamente à transação concluída como união (união *causal*, note-se) de negócios jurídicos.

Ao se examinar a natureza jurídica e estrutura da transação, principiamos por analisar determinadas concepções mais antigas, cuja influência se fez sentir, quer na doutrina, quer no direito positivo brasileiro (notadamente, no Código de 1916). Principiamos, assim, pela análise da transação como "ato extintivo de obrigações", e em seguida, pela concepção que vislumbra, na transação, um contrato obrigacional (i.e., apenas constitutivo de obrigações), para, por fim, ensaiar a determinação de modelos que correspondessem mais pontualmente à figura tal como prevista nos códigos civis brasileiros. Neste ponto, pareceu-nos que nem toda a transação se poderia reconduzir ao esquema contratual, por amplo que seja este, de sorte que foi preciso, também, considerar a possibilidade da transação se concluir como união de negócios jurídicos (não sem relevar, contudo, as dificuldades para a distinção entre contrato e união de negócios jurídicos), o que nos demandou, também, o reexame de determinados pontos da disciplina positiva da transação, notadamente os relativos ao "princípio da contagiação" e à resolução por inadimplemento.

A eficácia da transação (ou, ao menos, certa eficácia que a transação pode apresentar) necessitou ser examinada, em diversos momentos, ao longo de toda a dissertação, de sorte que ficou, ao Capítulo III, apenas o exame dos fundamentos da concepção desenvolvida no presente trabalho e algumas observações concernentes à estrutura de determinadas disposições insertas na transação. Em seguida, examinaram-se os preceitos do art. 844 do Código Civil de 2002, relativos à eficácia *inter partes* da transação, e aos seus efeitos relativamente à fiança e à solidariedade.

A necessidade de se examinar, em diversas ocasiões, a eficácia da transação quiçá sugerisse modificações na estrutura da dissertação. Contudo, premidos pela necessidade de análise de diversos temas, não se empreenderam semelhantes modificações. Cabe, contudo, lançar algumas observações sobre a eficácia da transação, que sirvam a orientar a leitura do presente texto.

É tradicional a polêmica sobre a eficácia declarativa ou constitutiva da transação, cabendo observar, em relação à primeira, que esta não apenas não seria suficiente ao escopo de definir a situação jurídica das partes, como ainda poderia suscitar problemas quanto à sua recondução aos quadros do negócio jurídico (categoria a que se reconduz a transação). Para alguns, como Santoro-Passarelli, esta definição, ou esta certeza, não pode vir senão "mediante a *substituição* de uma nova situação certa (aquela derivada do negócio) à precedente situação incerta"[1]; tal

[1] Francesco Santoro-Passarelli, *La transazione*, 2. ed., Napoli, Jovene, 1986, p. 28. No original: "mediante la *sostituzione* di una nuova situazione certa (quella derivante dal negozio) alla precedente situazione incerta".

se dá porque "a *estrutura* do negócio como comando destinado a valer por si, impede de reconhecer-lhe, ao lado da função dispositiva que lhe é própria, uma *função declarativa* ou de simples acertamento"[2]. Não pretendemos questionar a estrutura do negócio como comando, ou preceito; contudo, o que impede que o *comando* seja, exatamente, o de *manter* a situação jurídica precedente, no que esta resulte conforme aos termos do negócio, e *modificá-la*, no que esta resulta distinta? Por esta via se explicaria o que seja a mítica "eficácia declarativa" da transação, evitando o efeito de uma substituição necessária das relações. Esta via, como procuramos indicar, tem suas limitações, mas parece relevante para a sistematização da figura, ao menos no sistema jurídico brasileiro (que tanto parece encarecer o que haja, na transação, de declaração, ou reconhecimento — cf. art. 843 do Código Civil de 2002; art. 1.027 do Código Civil de 1916), razão pela qual se impõe seu exame.

[2] Francesco SANTORO-PASSARELLI, *La transazione*, 2. ed., Napoli, Jovene, 1986, p. 28. No original: "la *struttura* del negozio come comando destinato a valere di per sé impedisce di riconoscergli, accanto alla funzione dispositiva che gli è propria, una *funzione dichiarativa* o di semplice accertamento".

CAPÍTULO 1
ELEMENTOS DA TRANSAÇÃO

Introdução

O objetivo deste capítulo é identificar e analisar os elementos essenciais à transação, isto é, aqueles sem os quais esta não *existe* (ainda que o suporte fático seja porventura suficiente à formação de outro negócio).

O art. 840 do novo Código Civil (art. 1.025 do Código Civil de 1916) identifica dois elementos havidos como essenciais à transação, quais sejam, a reciprocidade de concessões (*verbis*, "concessões mútuas") e o "elemento" da prevenção ou término de um litígio[3].

1. Elementos essenciais à transação

1.1. Reciprocidade de concessões.

A reciprocidade de concessões constitui elemento essencial do negócio. Em verdade, ausente esta, podem se configurar diversos outros tipos negociais, que com a transação não se confundem, ainda que realizados com o fito de "prevenir ou terminar um litígio".

Como observa Santoro-Passarelli, "Quando as partes, movendo-se [a partir] da representação que têm dos termos da controvérsia, superaram

[3] O termo "litígio" é aqui empregado sem se definir, ainda, o significado que este assume no Código Civil (ou, mais especificamente, nas disposições do Código Civil dedicadas à transação). Sobre o significado preciso do termo, cf. *infra* item 1.2.3.1.

a lide sem que ao *datum* corresponda um *retentum*, se realiza um negócio *inominado* (...)"[4]. Especifica Pontes de Miranda que "Se não há concessão, de um e de outro, não há transação: o que pode haver é reconhecimento, renúncia, desistência, ou outra figura"[5].

A reciprocidade de concessões, em si considerada, conquanto essencial à transação, não serve a caracterizá-la, isto é, a distinguí-la de outras figuras negociais. Trata-se, com efeito, de elemento comum a toda a classe dos contratos sinalagmáticos. Nem se identifica, *a priori, uma* determinada concessão porventura característica ou exclusiva da transação[6]. O conteúdo desta é variadíssimo.

[4] Francesco SANTORO-PASSARELLI, *La transazione,* 2. ed., Napoli, Jovene, 1986, p. 224. No original: "Quando le parti, muovendo dalla rappresentazione che hanno dei termini della controversia, hanno superato la lite senza che al *datum* corrisponda um *retentum,* si realizza um negozio *innominato* (...)" .

[5] PONTES DE MIRANDA, *Tratado de direito privado,* v. XXV [1. ed.] Rio de Janeiro, Borsoi, 1959, p. 132.

Para Windscheid, "Se apenas de uma parte, [mas] não também da outra, se concede algo, não se têm uma transação, mas uma doação disfarçada" ("Se soltanto dall' una parte, non anche dall' altra si concede qualche cosa, non s' ha una transazione, ma una donazione palliata" — *Diritto delle pandette,* v. II, parte 2ª, Torino, UTET, 1904, p. 204). Em verdade, podem ocorrer diversos negócios, como observara Pontes de Miranda, dentre os quais a doação, cabendo, a respeito desta, observar que (i) a causa (causa-função) da figura, que em concreto se verifica, pode não ser a da doação mas, precisamente, a de se prevenir ou terminar um litígio (tratando-se, pois, de uma finalidade distinta); e (ii) determinadas figuras, que acaso se verifiquem, podem ser *abstratas,* o que excluiria, em princípio, cogitar-se de sua causa de atribuição patrimonial, se *donandi, credendi, solvendi,* ou outra.

[6] Em matéria de transação, há referências, é certo, quer ao reconhecimento ou declaração de direitos (art. 843 do Código Civil de 2002, ao estabelecer que, pela transação, "se declaram ou reconhecem direitos"; idem, art. 1.027 do Código Civil de 1916), quer à extinção de posições jurídicas patrimoniais (art. 845 do Código Civil de 2002, ao se referir à "obrigação extinta pela transação"; idem, art. 1.032 do Código Civil de 1916), mas nem um conteúdo, nem outro, se pode elevar a conteúdo *característico,* ou exclusivo, da transação.

Tome-se, por exemplo, a transação sobre o valor de uma dívida. É certo que esta se pode concluir abrigando um reconhecimento parcial da dívida, ou mesmo um reconhecimento *total* da quantia pretendida pelo credor, mediante alguma contraprestação. Todavia, a transação, caberia ainda observar, pode ser concluída mediante a extinção (remissão) da dívida a câmbio de determinada contraprestação. Donde se haver de concluir que o reconhecimento não pode ser considerado um "conteúdo característico" da transação, i.e., de toda transação. Para além disto, segundo nos parece, o reconhecimento pode ocorrer fora da transação, e sem vincular-se ao requisito das concessões recíprocas, pelo que a figura não será exclusiva da

Destarte, caberia verificar se, a partir das concessões consideradas em seu conjunto, é possível caracterizar, sempre, a transação, ou se é necessário o concurso de outro elemento a caracterizá-la.

Em verdade, há conjuntos de concessões que podem figurar quer numa transação, quer fora desta, constituindo outro negócio.

Considere-se, *v.g.*, o negócio composto pelo *scambio* de uma remissão de dívida e por outra concessão recíproca (como a transferência de um fundo, ou a celebração de determinado negócio). Trata-se de negócio que se pode estabelecer sem qualquer relação a uma controvérsia — o credor pode remitir a dívida por parecer-lhe mais proveitoso adquirir a propriedade de determinado imóvel de seu devedor (interesse que poderia ser, também, satisfeito pela dação em pagamento) ou estabelecer, com seu devedor, determinada relação contratual. Seria possível, também, que se tratasse de dívida objeto de controvérsia (*v.g.* quanto à sua existência ou extensão), controvérsia esta superada por transação em que o pretenso credor remite a dívida e, em troca, recebe da outra parte determinado fundo ou a oferta de determinado contrato.

Evidencia-se, por estes exemplos, que nem sempre se pode depreender a existência de uma transação, apenas, do conjunto de concessões feitas de uma parte a outra. Destarte, verifica-se a necessidade de outro elemento, a concorrer com as concessões recíprocas, para caracterizar a transação. Seria necessário, pois, ao menos nestes casos considerados, *inserir* no negócio o elemento da prevenção ou término do litígio, a que se refere o art. 840 (art. 1.025 do Código Civil de 1916), elemento que apareceria, pois, como a *finalidade comum* das partes, finalidade característica (ou caracterizadora) do negócio.

transação. Se alguém pretende, de outrem, o pagamento de determinada quantia, não pode este, desde logo, reconhecê-la *in totum*, vinculando-se expressamente ao seu pagamento? Observações semelhantes cabem em relação aos negócios extintivos: nem a transação implica, necessariamente, extinção de qualquer posição jurídica, nem a eficácia extintiva, se houver, seria exclusiva da transação. A renúncia, a remissão, o reconhecimento negativo, não supõem, para sua conclusão, nem a transação, nem qualquer outro negócio e, ainda que destinados a extinguir uma determinada controvérsia (função que se atribui à transação), poderiam ocorrer sem a consideração de qualquer prestação correspectiva, conformando, como observara Santoro-Passarelli (cf. nota n. 2 *supra*) um negócio inominado destinado à extinção da controvérsia.

Importante notar todavia que, em se tratando, nos exemplos acima, de transação, o negócio concluído revelaria um conteúdo complexo, a envolver relações jurídicas estranhas àquela atingida pela controvérsia (tratar-se-ia da impropriamente chamada "transação mista"). Caberia, pois, examinar-se algum outro suporte fático, porventura recondutível ao âmbito da transação dita simples (ou pura)[7], para se verificar se, em semelhante hipótese, as concessões reciprocamente feitas revelariam, *de per si*, a finalidade de "prevenção ou término do litígio".

Pode-se recorrer, ainda aqui, ao exemplo de controvérsia sobre o valor de uma dívida, em que o devedor reconhece a dívida em valor superior ao que sustentara, mas inferior ao pretendido pelo credor, mediante remissão, por este, da parte não reconhecida. Suprima-se, por um momento, a referência à controvérsia. O mero ajuste das concessões (reconhecimento e remissão) revelaria, *de per si*, a finalidade de "prevenção ou término do litígio"?

O exemplo é tanto mais importante quando se observa que o reconhecimento é referido pelo art. 843 (art. 1.027 do Código Civil de 1916) como conteúdo da transação (*verbis*, pela transação "apenas se declaram ou se reconhecem direitos"[8]).

Neste ponto, e sem antecipar-se o exame da figura, são necessárias, à análise do exemplo, algumas considerações sobre a finalidade do reconhecimento. Para von Tuhr, "La necesidad de la declaración se pre-

[7] Surgiria, aqui, o problema de se definir a transação "simples" ou "pura". Seria possível defini-la como aquela transação em que ambas as concessões se reportam, exclusivamente, ao objeto da controvérsia? Ora, conquanto isto possa ocorrer em determinados casos (considere-se, *v.g.*, a hipótese freqüente de uma controvérsia sobre o valor da dívida encerrada pela fixação desta em montante intermediário entre o admitido, originalmente, pelo devedor e aquele sustentado pelo credor), para logo se verificariam as limitações de uma tal definição. À evidência, nem sempre o objeto da controvérsia é de tal forma fracionável, e nem sempre se poderá superar a controvérsia mediante uma simples modificação na relação jurídica. Mas o que se há de notar é que, em verdade, o "problema" da definição dos limites da "transação pura" em confronto à "transação mista" é, em verdade, um *falso problema*, um problema inexistente. Com efeito, como se verá adiante (cf. item 1.2.3.2., especialmente nota n. 52), a "transação mista" é, em princípio (seja-nos permitido dizê-lo) "tão típica" quanto a "transação pura", donde não se haver de estabelecer distinções rigorosas entre uma e outra espécie.

[8] Já se verificou, contudo, que o reconhecimento não é conteúdo exclusivo ou constante da transação — cf. *supra*, nota n. 6.

senta cuando, bajo el aspecto subjetivo u objetivo, la situación jurídica es incierta y las partes quieren evitar mediante su acuerdo un pleito existente o probable"[9]. Pontes de Miranda, por seu turno, contesta esta conexão entre "incerteza" e "prevenção ou término de um litígio". Para este autor, é certo que "Com o reconhecimento da dívida, aclara-se a situação, põe-se em proposições claras o que se poderia ter por incerto"[10]; contudo, como observa, "o conceito de incerteza de modo nenhum se confunde com o de litigiosidade, ou, sequer, com o de *probabilidade de superveniência de litígio*"[11]. Poderia haver reconhecimento, pois, sem a finalidade de se "prevenir ou terminar um litígio"[12].

Caberia, pois, verificar (i) se a finalidade do reconhecimento resolve-se, sempre, no escopo de "prevenção ou término de um litígio" (finalidade esta característica da transação); e (ii) se o conjunto das duas concessões, caracterizado (*in casu*) por reconhecimento e remissão parciais, configura, necessariamente, uma transação.

Figure-se o seguinte exemplo: ocorrido um acidente de carro, o causador admite, desde logo, sua culpa. O proprietário do veículo propõe-lhe, então, que reconheça a dívida em dado importe, remitindo desde logo qualquer eventual quantia ulterior, sendo o valor prontamente aceito pelo causador do acidente.

Um semelhante ajuste "previne", é certo, a ocorrência de litígios futuros sobre o valor da dívida. Este efeito pode haver sido desejado por uma, ou por ambas as partes que figuram no negócio. Todavia, trata-se de um resultado *ulterior* à eficácia imediata do negócio, consistente na *fixação* (negocial) do valor da obrigação surgida. Este o *fim comum*, pretendido por todos os figurantes, fim este que se insere no negócio e serve a

[9] Andreas von Tuhr, *Derecho civil* — teoría general del derecho civil alemán, v. III, t. I, Buenos Aires, Depalma, 1948, p. 285.

[10] Pontes de Miranda, *Tratado de direito privado*, t. XXXI, 2. ed., Rio de Janeiro, Borsoi, 1961, p. 37.

[11] Pontes de Miranda, *Tratado de direito privado*, t. XXXI, 2. ed., Rio de Janeiro, Borsoi, 1961, p. 38.

[12] Como se verá *infra*, no Capítulo 2, item 3.2., Pontes de Miranda e von Tuhr apresentam concepções radicalmente distintas a respeito da natureza jurídica, estrutura e eficácia do reconhecimento, sendo a concepção de von Tuhr a mais adequada (ou antes, a única adequada) à transação. Contudo, e como se pretende demonstrar pela análise do exemplo proposto, a crítica de Pontes de Miranda se aplica, também, à figura que von Tuhr vislumbra.

caracterizá-lo (como *causa* a coligar dois negócios, a remissão e o reconhecimento). Aquele resultado ulterior *pode* haver-se constituído, para uma parte, ou para ambas, em *motivo*, até mesmo em motivo determinante do acordo. Todavia, o motivo, ainda que determinante, e comum a uma parte e outra, não se eleva, sem mais, a finalidade comum.

In casu, há acomodação de pretensões (ou da pretensão do credor), sem qualquer referência necessária a controvérsia, mesmo a controvérsia futura, que se houvesse de prevenir. Note-se que, no exemplo, sequer houve contestação, pelo causador do acidente, do valor pretendido pelo credor. "Se não há controvérsia, o contrato pode ser *contrato de acomodação* (Abfindungsvertrag) ou de desinteressamento, não transação"[13].

Caberia notar que, conquanto o negócio em tela se possa concluir sem o *fim* de "prevenir um litígio", poder-se-ia considerar que, objetivamente, o ajuste considerado desempenha semelhante *função* (entendida esta em sentido amplo). Não seria, contudo, esta "função" a caracterizar o negócio, mas sim a *fixação* da quantia devida. Para além disto, se haveria de observar que a "prevenção de litígio" permitida pelo reconhecimento se poderia reduzir, neste caso, à prevenção de litígios *meramente potenciais*, afastando-se pois, como se verá, da função típica da transação, que é mais restrita[14].

1.1.1. *Concessões recíprocas e controvérsia.*

Necessário, neste ponto, adiantar algumas observações a respeito da relação entre controvérsia e concessões feitas na transação: nesta, ao menos uma das concessões deve ser feita a partir do que uma parte crê sejam "os seus direitos", i.e., a partir do *caput controversum*[15]. De notar-se que "Qualquer que seja a razão da controvérsia em juízo ou fora dele, o que importa é ter havido prestação e contraprestação, ainda que, devido mesmo à incerteza, se pense em prestação e contraprestação, partindo-se da posição assumida, na própria controvérsia, por um e

[13] PONTES DE MIRANDA, *Tratado de direito privado*, t. XXV [1. ed.] Rio de Janeiro, Borsoi, 1959, p. 118. Cf., ainda, p. 133 e 136.

[14] Cf. item 1.2.3.1. *infra*.

[15] Estas considerações já não se aplicam à chamada "transação novativa", mas esta, como se verá adiante (cf. item 1.2.3.2. *infra*), desborda da figura típica da transação.

outro dos contraentes. (...) Por isso mesmo, pode ser prestação, ou contraprestação, na transação, o que não sai do patrimônio de quem presta, ou contrapresta"[16].

Destarte, as concessões que se fazem as partes referem-se, em princípio, *às afirmações*, avançadas na controvérsia (tal não se aplica, por óbvio, às concessões que, na "transação mista", desbordem do objeto da controvérsia, contemplando, pois, seja pontos não controversos da relação jurídica, seja prestações de todo estranhas à relação que se discute)[17]

1.2. "Prevenção ou término do litígio".

"Prevenir ou terminar o litígio" é o *fim comum* da transação, i.e., o fim pretendido por todos os figurantes da mesma. Cabe ora precisar a razão por que este fim consiste num (ou determina um) elemento essencial ao negócio, e como se relacionam o negócio e o fim a que serve.

Já se observou que, de um lado, a reciprocidade de concessões é elemento comum à inteira categoria dos contratos sinalagmáticos e, de outro, a transação não apresenta um conteúdo mínimo que lhe seja característico e constante, como, *v.g.*, a compra e venda, a locação, e tantos outros negócios. Com efeito, os exemplos desenvolvidos no item 1.1.

16 Pontes de Miranda, *Tratado de direito privado*, t. XXV [1. ed.] Rio de Janeiro, Borsoi, 1959, p. 117-118.
No mesmo sentido, observa Enrico del Prato que "A apreciação subjetiva da correspectividade das prestações (...) vai, porém, relacionada às posições da lide e referida à composição desta" (Transazione (diritto civile), *in Enciclopedia del Diritto*, v. XLIV, Milano, Giuffrè, p. 824. No original: "L' apprezzamento soggettivo della corrispettività delle prestazioni, (...), va però rapportato alle posizioni di lite e riferito alla composizione di questa").

17 São necessárias, neste ponto, algumas observações a respeito da relação entre as disposições contidas na transação e as posições sustentadas, pelas partes, na controvérsia. Segundo del Prato, "Dispondo da pretensão e da contestação, as partes dispõem da relação [jurídica] substancial sobre a qual se centrou a controvérsia" (Transazione (diritto civile), *in Enciclopedia del Diritto*, v. XLIV, Milano, Giuffrè, p. 824. No original: "Disponendo della pretesa e della contestazione, le parti dispongono del rapporto sostanziale sul quale è incentrata la controversia"). Quer-nos parecer, contudo, que as partes não dispõem da pretensão, ou da contestação, como tais, mas sim do *conteúdo* (i.e., as específicas posições jurídicas), a que se reportam a pretensão ou a contestação, estabelecendo que entre eles há, ou não há, determinada relação, ou posição, com tal ou qual conteúdo. Com isto, tem-se que as alegações das partes não relevam como tais, i.e., como alegações (ou declarações), mas sim enquanto indicam o conteúdo sobre que dispõem as partes na transação.

supra parecem evidenciar que a transação, ao menos em princípio, não se define nem se identifica por alguma determinada prestação, nem mesmo pelo conjunto das prestações predispostas pelas partes.

Necessário, pois, outro elemento, ainda que em concurso com as concessões recíprocas, para caracterizar o negócio: e este elemento é dado, exatamente, pelo *fim comum* pretendido pelas partes.

Sobre a transação, escreve Pontes de Miranda: "A *transação* é negócio jurídico bilateral, em que duas ou mais pessoas acordam em concessões recíprocas, com o propósito de pôr têrmo a controvérsia sôbre determinada, ou determinadas relações jurídicas, seu conteúdo, extensão, validade ou eficácia"[18]. "Propósito" nada mais é que o fim almejado por ambas as partes. É este "elemento" que cumpre, pois, analisar, em suas relações com o negócio jurídico.

1.2.1. *Natureza jurídica.*

Observe-se, desde logo, que admitir-se que o fim comum pretendido pelas partes *caracterize* a transação implica, ao menos em princípio, considerá-lo como elemento constituinte do negócio, cabendo pois verificar como se dá esta inserção do fim no negócio.

Primeiramente, cabe observar que este fim comum é identificado como a *causa do negócio jurídico* (ou, ao menos, como um componente, e o componente característico, desta), quer se defina a causa como "a razão prática do contrato, i.e. o *interesse que a operação contratual se destina a satisfazer*"[19] quer se a defina como a "objetiva *função econômico-social do negócio jurídico*"[20].

[18] Pontes de Miranda, *Tratado de direito privado*, t. XXV [1. ed.] Rio de Janeiro, Borsoi, 1959, p. 117.

[19] C. Massimo Bianca, Il contratto, *in Diritto civile*, v. III, 2. ed. Milano, Giuffrè, 2000, p. 447. No original: "La causa è la ragione pratica del contratto, cioè l' *interesse che l' operazione contrattuale è diretta a soddisfare*".

[20] C. Massimo Bianca, Il contratto, *in Diritto civile*, v. III, 2. ed., Milano, Giuffrè, 2000, p. 450. Anota o autor que, na doutrina italiana, "prevaleceu a noção de causa como objetiva *função econômico-social do negócio*" ("Nella nostra dottrina è prevalsa la nozione di causa quale obiettiva *funzione economico-sociale del negozio*" — Il contratto *cit.*, p. 450).

Bianca designa estas duas concepções de causa, respectivamente, como concepção *subjetiva* e *objetiva*. Como observa o autor, a (objetiva) "função econômico-social do negócio" é entendida como "função típica e abstrata do negócio" (Il contratto *cit.*, p. 450), com o que "Tal função

Trata-se, pois, de verificar como se dá a inserção da causa na transação (ou, mais amplamente, no negócio jurídico). Antes, contudo, cabem algumas notas sobre o papel da causa no direito brasileiro, para melhor contextualizar a análise da figura.

1.2.2. *Relevância da causa do negócio no direito brasileiro.*

A referência à "causa" (não, ainda, à "causa do negócio") surge já no *Code Napoleon*, cujo art. 1.131 "estabelece o princípio que a obrigação sem causa ou fundada sobre uma causa falsa ou ilícita não pode ter qualquer efeito, i.e., é nula"[21].

prescinde (...) das finalidades para as quais as partes pretendem instrumentalizar o contrato" (Il contratto *cit.*, p. 450. No original: "Tale funzioni prescinde (...) dalle finalità per le quali le parti intendono strumentalizzare il contratto"). Já a concepção subjetiva implicaria, segundo Bianca, no exame do "interesse concretamente perseguido" pelas partes (cf. Il contratto *cit.*, p. 453), inclusive daquelas "finalidades que — ainda tacitamente — hajam adentrado o contrato" (cf. Il contratto *cit.*, p. 453. No original: "ocorre ricercare il significato pratico dell' operazione con tutte le finalità che — sia pure tacitamente — sono entrate nel contrato"). Conquanto não caiba examinar, nesta sede, as distintas concepções em torno da causa do contrato, cabe desde logo excluir que uma e outra concepção, apesar de suas relevantes diferenças, sejam consideradas, desde logo, em contraposição esquemática. Basta observar, com efeito, que a função econômico-social objetiva que se pode identificar à base de diversos tipos legais pode ser, no negócio concreto, *reproduzida* pelas partes, ainda que em concreto esta causa seja *particularizada* (embora não necessariamente *modificada* em seus traços fundamentais) por outras finalidades.

Uma concepção como a de Bianca deve, ainda, suscitar profundo reexame na tradicional contraposição entre causa e motivo, este último tido como irrelevante, salvo se expresso como razão determinante do ato (cf. Código Civil, art. 140; Código Civil de 1916, art. 90). Como distinguir-se, com efeito, o que se haja elevado a finalidade (i.e., que haja "adentrado o contrato") e o que persiste, apenas, no campo dos motivos? A questão, evidentemente, não se pode exaurir nesta sede, mas uma primeira (e importante) diretriz consiste em perquirir "os elementos que entraram a fazer parte da economia do negócio" (Il contratto *cit.*, p. 453, nota n. 23, em que se alude a uma "specificazione concreta e individualizzante della causa, atta a ricomprendere gli elementi che sono entrate a far parte dell' economia dell' affare"). Parte-se pois, em princípio, do *conteúdo* concreto do negócio. Sobre os motivos, em especial a relação entre causa e motivo, cf. C. Massimo Bianca, Il contratto, *in Diritto civile*, v. III, 2. ed., Milano, Giuffrè, 2000, p. 461 ss.

[21] Carlo Crome, *Parte generale del diritto privato francese moderno*, Milano, S.E.L., 1906, p. 289. No original: o referido artigo "pone il principio che l' obbligazione senza causa o fondata sopra una causa falsa od illecita non può avere alcun effetto, cioè è nulla".

Estabelecera o código francês, assim, os principais campos de aplicação da "causa". Restou à doutrina, todavia, defini-la, tarefa que se revelou extremamente difícil. Com efeito, o *Code Napoleon*, parecendo apontar para o tratamento conjunto de problemas tão diversos, tornava relevantes, para o conceito de causa, quer elementos objetivos, identificáveis nas "causas de obrigação"[22], ou causas de atribuição patrimonial[23], quer elementos subjetivos, atinentes aos fins visados pelas partes (relevando estes, *v.g.*, no que tange à disciplina da causa ilícita).

Estas duas ordens de elementos foram, em maior ou menor medida, acomunadas sob a ideia de *but* ("fim"), de sorte que, malgrado as inúmeras dificuldades para a elaboração de um conceito, anotou Alfred Rieg que a doutrina e a jurisprudência francesas "vêem na causa quer o *but* abstrato e invariável, quer o *but* concreto e variável perseguido pelas partes"[24], observando ainda que a doutrina dominante se recusa a subsumir a causa nos motivos[25].

[22] Como observa Bianca, atende-se, aqui, "às singulares obrigações ou atribuições contratuais, vislumbrando a causa de cada uma destas na contraprestação e, mais genericamente, no fato ou no bem que constitui o seu fundamento" (Il contratto, *in Diritto civile*, v. III, 2. ed., Milano, Giuffrè, 2000, p. 449. No original: "La teoria oggettiva classica ha riguardo alle singole obbligazioni o attribuzioni contrattuali e ravvisa la causa di ciascuna di esse nella controprestazione e, più in generale, nel fatto o nella cosa che ne costituisce il fondamento").

[23] Cf. Gino Gorla, *Il contratto* — problemi fondamentali trattati com il metodo comparativo e casistico, v. I, Milano, Giuffrè, 1954, p. 266 ss.

[24] Alfred Rieg, *Le rôle de la volonté dans l'acte juridique en droit civil français et allemand*, Paris, LGDJ / Pichon et Durand-Auzias, 1961, p. 351. No original: a jurisprudência e a doutrina francesas "voient dans la cause tantôt le but abstrait et invariable, tantôt le but concret et variable porsuivi par les parties".

Cabe notar, neste ponto, que a concepção de causa concreta, a que se aludiu *supra* (cf. nota n. 20) consiste num importante conceito para a síntese destes elementos "objetivos" e "subjetivos", ou "invariáveis" e "variáveis" (os conjuntos designados por uns e outros termos parecem, no principal, coincidir). Como observa Bianca, "A noção unitária da causa permite identificar a razão prática da *operação* e de justificar nessa seja o contrato seja as atribuições individualmente consideradas" (C. Massimo Bianca Il contratto, *in Diritto civile*, v. III, 2. ed., Milano, Giuffrè, 2000, p. 456. No original: "La nozione unitaria della causa consente di ricercare la ragione pratica dell' *operazione* e di giustificare in essa sia il contrato sia le singole attribuzioni").

[25] Alfred Rieg, *Le rôle de la volonté dans l'acte juridique en droit civil français et allemand*, Paris, LGDJ/Pichon et Durand-Auzias, 1961, p. 351. No original: "La doctrine dominante (...) refuse d'absorber la cause dans les motifs".

O legislador brasileiro, conhecedor das infindáveis disputas que o tema originara em França, buscou afastar-se do modelo do *Code Napoleon*. Destarte, o Código Civil de 1916 referiu-se apenas, no art. 90, à "falsa causa" (i.e., o motivo), para estabelecer que esta apenas excepcionalmente vicia o ato (a saber, se expressa como razão determinante ou sob forma de condição), não se reportando porém, em nenhum momento, a uma "verdadeira" causa como elemento ou requisito do ato jurídico.

O art. 81 do Código Civil de 1916, é certo, refere-se ao "fim" do ato jurídico. Contudo, precisa o Código tratar-se de fim *imediato*, e consistente em "adquirir, resguardar, transferir, modificar ou extinguir direitos"[26].

Por seu turno, o art. 82 do Código Civil de 1916, relativo aos requisitos de validade do ato jurídico, apenas se refere aos agentes (capazes), à forma (prescrita ou não defesa em lei) e ao objeto (lícito e possível). As hipóteses de anulabilidade referem-se, todas, aos chamados "vícios de vontade" (erro, dolo, coação) ou aos "vícios sociais" (*v.g.*, fraude contra credores). As hipóteses de nulidade também não se reportam expressamente à causa; tratam, expressamente, do *objeto* ilícito. Haveria, assim, o direito brasileiro, sob o anterior Código Civil, eliminado a causa dos atos jurídicos?

Em verdade, tal não se dá, ao menos no que tange às causas de atribuição patrimonial: "O Código Civil fala em *objeto* (art. 82) e não fala em causa. A extirpação é inoperante, porque todo o sistema jurídico é fundado na causa"[27]. Os exemplos se poderiam multiplicar virtualmente ao infinito: considere-se, *v.g.*, as regras relativas à restituição do pagamento indevido (arts. 876-883 do Código Civil de 2002; arts. 964-971 do Código Civil de 1916)[28]; o mútuo e o comodato (em que as atribuições são feitas *credendi causa*); o pagamento e as diversas formas de adimplemento (atribuições *solvendi causa*); a doação (*causa donandi*, que os romanos já extremavam das demais, pois por esta nem se constitui um vín-

[26] Sobre a interpretação deste artigo, cf. *infra*, Capítulo 2, item 1.3., notas n. 104 e n. 106.

[27] Pontes de Miranda, *Tratado de direito privado*, t. III [1. ed.] Rio de Janeiro, Borsoi, 1954, p. 100.

[28] De notar-se ainda que, para além dos casos de pagamento indevido, a doutrina admitia, sob o Código Civil de 1916, as *condictiones* para os (demais) casos de enriquecimento sem causa. Cf. *infra* Capítulo 2, item 2.4., nota n. 136.

culo ulterior, nem se extingue um precedente); e, ainda, o freqüente recurso ao mecanismo causal para se explicar a formação e a dinâmica dos contratos sinalagmáticos.

Contudo, no que tange ao fim do negócio, foi preciso reinterpretar determinados preceitos do Código Civil de 1916, notadamente o art. 145, II, que se reporta à nulidade por ilicitude, ou impossibilidade, do *objeto* do ato jurídico. Observa Pontes de Miranda que "O Código Civil fala de ilicitude *do objeto*; porém não se tome muito à risca a expressão"[29]; é possível que a ilicitude consista "no fim a que o negócio jurídico serviu, sem que se possa descer aos motivos que determinaram o manifestante ou os manifestantes à negociação, unilateral ou plurilateral"[30]. Seria necessário considerar, pois, o *but* a que se referira a doutrina francesa, e mesmo o *but* concreto de cada negócio[31], [32].

Contudo, mesmo admitida uma interpretação ampla do termo "objeto" nos arts. 82 e 145, II do Código Civil de 1916, o fim do negócio seria relevante apenas no que tange à questão da licitude ou ilicitude do ato e, a partir desta, de sua invalidade. Haveria, de certa forma, o reconhecimento de um *fim* atribuível ao negócio jurídico; mas reconhecimento apenas para que se lhe aferisse a validade ou invalidade, o que não lhe traduz toda a relevância jurídica. Não serve a fundamentar, ou explicar,

[29] Pontes de Miranda, *Tratado de direito privado*, t. IV, 4. ed., São Paulo, Revista dos Tribunais [1974] p. 134.

[30] Pontes de Miranda, *Tratado de direito privado*, t. IV, 4. ed., São Paulo, Revista dos Tribunais [1974] p. 134.

[31] Não se deseja aqui, à evidência, estabelecer rigorosa assimilação entre fim, *but* e causa mas sim ressaltar, num primeiro exame, o que aproxima estas idéias.

[32] Importante notar, neste ponto, que o Código Civil de 2002, para além de referir-se, no art. 166, II, à nulidade por ilicitude, impossibilidade, ou indeterminabilidade do objeto, refere-se ainda, no art. 166, III, à nulidade por ilicitude do "motivo determinante, comum a ambas as partes". Donde se haver de perguntar: deve-se atribuir, ao art. 166, II, do novo Código Civil, interpretação semelhante à que Pontes de Miranda atribuía ao art. 145, II, do Código Civil de 1916? Ou a interpretação do novo preceito deve ser mais restrita? É de se notar, desde logo, que a causa do negócio jurídico não se confunde com os *motivos* de alguma parte, ou de ambas. Estes não se elevam, em princípio, a *elemento* do negócio jurídico (cf. art. 90 do Código Civil de 1916; art. 140 do Código Civil de 2002). Contudo, se haveria de observar: se o art. 166, III, do novo Código Civil puder inquinar o ato jurídico até mesmo quando o *motivo* (comum) for ilícito, não o poderá, *a fortiori*, quando ilícita for a *causa* do negócio jurídico?

v.g., nem a inserção deste fim em negócios jurídicos como a transação (fenômeno atinente ao plano da existência, não ao da validade), nem a eventual referibilidade de outros fenômenos à noção de causa.

Destarte, os referidos preceitos não serviriam a definir (ou não serviriam a definir *in totum*), em direito brasileiro, as relações entre o negócio jurídico e sua *causa* (causa do negócio jurídico). À evidência, todo o negócio atende, ou busca atender, a determinada finalidade; a questão está em saber em que medida este fim se faz relevante para o direito.

Antônio Junqueira de Azevedo, buscando sistematizar o elemento característico ("elemento categorial inderrogável objetivo") dos negócios causais, observa: "quer nos parecer que ele [o elemento] pode ser típico, ora por se referir a um fato logicamente anterior (ainda que cronologicamente não o seja) ao próprio negócio e que o justifica (*causa pressuposta*), ora por se referir a um fato futuro ao qual tende (*causa final*)"[33]. Consiste este elemento, assim, "ou em uma referência a fatos anteriores, que justificam o negócio, ou em uma referência a fatos futuros, que são fins a atingir pelo negócio"[34].

A partir desta concepção, pôde o autor analisar diversos preceitos do Código que se podem explicar pela "causa em sentido objetivo", i.e., pela "função prático-social, ou econômico-social do negócio"[35], anotando ser diversa a influência da causa conforme se trate de causa pressuposta ou final. É o que se verá mais adiante.

Para o sistema italiano, a causa é elemento constitutivo do negócio jurídico. Com efeito, o art. 1.325, n. 2, do código civil italiano, faz da causa elemento essencial do contrato; o art. 1.418 do mesmo diploma torna nulos aqueles contratos a que faltar a causa; e o art. 1.322 permite às partes "estipular livremente contratos fora dos tipos previstos pela lei, desde que se dirijam a realizar interesses merecedores de tutela segundo

[33] Antônio Junqueira de Azevedo, *Negócio jurídico* — existência, validade e eficácia, 2. ed., São Paulo, Saraiva, 1986, p. 167.

[34] Antônio Junqueira de Azevedo, *Negócio jurídico* — existência, validade e eficácia, 2. ed., São Paulo, Saraiva, 1986, p. 167.

[35] Antônio Junqueira de Azevedo, *Negócio jurídico* — existência, validade e eficácia, 2. ed., São Paulo, Saraiva, 1986, p. 173.

o ordenamento jurídico"[36], [37]. Fazer da causa, porém, um elemento constitutivo do negócio jurídico, envolve, numa perspectiva estrutural, "a insuperável contradição de colocar a função como fazendo parte do negócio, quando jamais a função de um ser pode ser, ao mesmo tempo, elemento constitutivo dele"[38].

Destarte, o negócio jurídico seria constituído não pela causa mesma (elemento funcional, finalístico), mas por uma *referência* à causa, que o integra:

> "A causa é um fato externo ao negócio, mas que o justifica do ponto de vista social e jurídico, enquanto que o elemento categorial objetivo é justamente a *referência*, que se faz a esse fato, no próprio conteúdo do negócio. Por outras palavras, o elemento inderrogável objetivo *faz parte*, isto é, é integrante da estrutura do negócio, e a causa, não. O elemento categorial objetivo consiste numa *referência* à causa, a qual está, porém, fora do negócio (ela está, logicamente, ou antes ou depois, mas, não, no negócio, ela é extrínseca à sua constituição)"[39].

[36] C. Massimo BIANCA, Il contratto, *in Diritto civile*, v. III, 2. ed., Milano, Giuffrè, 2000, p. 447-448. No original: "Le parti possono stipulare liberamente contratti al di fuori dei tipi previsti dalla legge purché siano diretti a realizzare interessi meritevoli di tutela secondo l' ordinamento giuridico".

[37] O art. 1.322 do código civil italiano estabelece, pois, um liame entre a juridicização do negócio e a causa que este desempenha, numa ordem de idéias que esteve ligada ao desenvolvimento da concepção objetiva de causa como função econômico-social *típica* do negócio. Como observa Bianca, "A definição da causa como função econômico social expressou também a idéia da causa como critério de controle do 'mérito' dos atos de autonomia privada. A causa não é simplesmente a razão prática pela qual as partes estipulam um contrato mas [é], além [disso], a razão pela qual o ordenamento reconhece relevância jurídica ao contrato" (Il contratto, *in Diritto civile*, v. III, 2. ed., Milano, Giuffrè, 2000, p. 450-451. No original: "La definizione della causa come funzione economico-sociale ha espresso anche l' idea della causa come criterio di controllo della meritevolezza degli atti di autonomia privata. La causa non è semplicemente la ragione pratica per la quale le parti stipulano il contratto ma, oltre, la ragione per la quale l' ordinamento riconosce rilevanza giuridica al contratto").
De notar-se, neste ponto, que o art. 421 do novo Código Civil brasileiro parece mover-se em ordem de idéias semelhante, ao estatuir que "A liberdade de contratar será exercida em razão e nos limites da função social do contrato".

[38] Antônio JUNQUEIRA DE AZEVEDO, *Negócio jurídico* — existência, validade e eficácia, 2. ed., São Paulo, Saraiva, 1986, p. 174.

[39] Antônio JUNQUEIRA DE AZEVEDO, *Negócio jurídico* — existência, validade e eficácia, 2. ed., São Paulo, Saraiva, 1986, p. 170.

Esta *referência* a um fato, pressuposto ou final, que se faz *no próprio conteúdo do negócio*[40], explica como se insere a causa no suporte fático do negócio jurídico, dado particularmente importante quando o fim não decorre, *ipso facto*, dos outros elementos do negócio. Confronte-se, no ponto, a transação à compra e venda (simples), à troca, à locação, ao mandato, à fiança, e a tantos outros contratos (sem se possa desconsiderar, contudo, a causa concreta destes negócios).

Esta distinção entre "causa" e "referência feita à causa", no negócio, implica, segundo Antônio Junqueira de Azevedo, noutra distinção importante: "é o elemento categorial, e não a causa, que fixa o regime jurídico a que o negócio obedece"[41]. Destarte, não é a causa a operar diretamente a caracterização do negócio, mas uma referência à causa, que nele se contém.

Isto não significa, porém, que a causa não exerça ulterior influência sobre o negócio jurídico. Exerce, e esta parece variar conforme se trate de causa pressuposta ou causa final. "Pois bem, a falta desta [da causa] nos negócios causais, em geral acarreta, conforme se trate de causa pressuposta ou de causa final, ou nulidade ou ineficácia"[42]. Exemplo de norma que se pode explicar pela causa (final) de determinado negócio, ou de determinada classe de negócios jurídicos, é a que faculta a resolução por inadimplemento[43].

Caberia analisar se, a partir da divisão ensaiada, a nulidade é, em nosso ordenamento, a conseqüência ordinariamente prevista para as hipóteses de "falha" da causa pressuposta, assim como a ineficácia o seria

[40] Esta referência pode ocorrer, *in concreto*, de diversas maneiras. É possível, *v.g.*, que se descreva a controvérsia nos *consideranda* do contrato; mas também é possível que se aluda, no instrumento, à conclusão de uma transação, ou à conclusão do negócio para "superar-se as divergências havidas entre as partes", podendo-se dessumir, a partir do conteúdo do negócio, ao menos em alguma medida, o objeto da controvérsia. Se se estabelece, *v.g.*, que A e B concordam em fixar a dívida em determinado valor, pode-se inferir do contrato, ao menos *prima facie*, que a controvérsia versava sobre o valor da dívida.

[41] Antônio Junqueira de Azevedo, *Negócio jurídico* — existência, validade e eficácia, 2. ed., São Paulo, Saraiva, 1986, p. 170.

[42] Antônio Junqueira de Azevedo, *Negócio jurídico* — existência, validade e eficácia, 2. ed., São Paulo, Saraiva, 1986, p. 174.

[43] Cf. Antônio Junqueira de Azevedo, *Negócio jurídico* — existência, validade e eficácia, 2. ed., São Paulo, Saraiva, 1986, p. 175 ss.

para a hipótese de falha da causa final. O exame da causa final é, talvez, mais simples, à medida em que esta seja considerada não na gênese do negócio mas no momento de sua execução, e, pois, à vista de fatos posteriores à formação do negócio (*v.g.*, o inadimplemento) que são, assim, insuscetíveis de gerar conseqüências no plano da validade, as quais se apuram no momento de juridicização do negócio (o art. 475 do novo Código Civil, relativo à resolução por inadimplemento, é exemplar neste ponto). Seria também possível, é certo, que semelhantes conseqüências se determinassem não no plano da eficácia, mas no da existência, com a desconstituição do negócio (não, apenas, de sua eficácia), mas talvez esta não seja, nos sistemas jurídicos modernos, a alternativa mais freqüente.

No que tange à causa pressuposta, é possível que, malgrado a referência feita no negócio, esta "falhe" já na origem deste (assim a fiança prestada a dívida inexistente); existe, pois, a possibilidade das conseqüências serem determinadas já no plano da validade (*v.g.*, a fiança é nula — cf. art. 1.488). Todavia, caberia a pergunta: por quê, necessariamente, a invalidade, não a ineficácia *ab initio*? Em verdade, não há razão ontológica a excluir a sanção de ineficácia *ab initio*, ou a impor a de nulidade. Verdade é que o Código Civil de 1916 considerava nulos os atos a que e lei negasse efeito (art. 145, V), encambulhando, com isto, os dois planos, mas o preceito, nesta parte, não foi reproduzido no Código Civil de 2002.

Estas considerações, notadamente sobre a inserção da causa no negócio jurídico, se devem reproduzir, também, para o Código Civil de 2002, cujo art. 421, se estabelece que "A liberdade de contratar será exercida em razão e nos limites da função social do contrato", não permite, em princípio, qualquer ulterior inferência sobre a relação entre o negócio (ou, mais especificamente, o contrato) e sua função social.

Assentes estas observações a respeito da causa dos negócios jurídicos, pode-se agora examinar, com maior detalhe, a causa da transação.

1.2.3. *A causa da transação.*

Dentre os negócios com causa pressuposta, inclui-se a transação, "que supõe lide ajuizada ou por ajuizar"[44]. Não se exclui, todavia, que a tran-

[44] Antônio Junqueira de Azevedo, *Negócio jurídico — existência, validade e eficácia*, 2. ed., São Paulo, Saraiva, 1986, p. 167.

sação tenha causa final. Ao contrário, surge porque há uma controvérsia, *e para resolvê-la*: "os negócios com causa pressuposta (...) têm causa final. No fundo, portanto, *os negócios com causa pressuposta têm dupla causa*, causa pressuposta e causa final, embora seja a primeira que, de fato, os caracterize"[45].

Quanto a ser o negócio caracterizado, especificamente, pela causa pressuposta, caberia observar que a inserção da referência à controvérsia anterior permite identificar, no negócio celebrado, a finalidade de "prevenção ou término do litígio", revelando, assim, a estreita conexão entre as causas pressuposta e final. Ambas figuram, pois, no negócio jurídico, complementando-se. Se se admite que a transação apenas surge porque há uma controvérsia, *e para extinguí-la*, deve-se admitir que — ao menos na figura em tela — uma e outra causa parecem constituir, em verdade, elementos de uma *causa complexa*. Em verdade, a ocorrência de um litígio torna possível a existência de transação; mas as concessões feitas "justificam-se" pelo escopo de extinguí-lo.

A análise do papel da causa em direito brasileiro, ainda que introdutória, possibilitou que se determinasse como se dá a inserção da causa no negócio jurídico e, especificamente, na transação. Para além disto, verificou-se ser a causa (*rectius*, a referência feita à causa) um elemento essencial à caracterização da transação, figura que não possui qualquer conteúdo característico[46]. Destarte, e à vista das considerações desenvolvidas, resulta incorreto afirmar, como faz Gregorio Gitti, que "A função de composição ou prevenção da lide não nos diz nada do contrato mas, apenas, do escopo das partes que concluem aquele contrato"[47]. Com efeito, semelhante redução parece descurar que se trata de finalidade comum que se *objetiva*, inserindo-se no negócio e caracterizando-o, conferindo, pois, justificativa às concessões recíprocas que se fazem.

Igualmente, não caberia afirmar que a causa da transação, identificada na finalidade de prevenção ou término do litígio, seria uma "causa

[45] Antônio Junqueira de Azevedo, *Negócio jurídico* — existência, validade e eficácia, 2. ed., São Paulo, Saraiva, 1986, p. 168, nota 221.

[46] Cf., a este respeito, os exemplos desenvolvidos no item 1.1. *supra*.

[47] Gregorio Gitti, *L' oggetto della transazione*, Milano, Giuffrè, 1999, p. 142-143, *verbis*: "La funzione di composizione o prevenzione della lite non ci dice niente del contratto, ma solo dello scopo delle parti che quel contratto concludono".

tautológica", "como é o caso de todas as causas extraídas dos elementos jurídicos ou empíricos presentes em todas as definições de contratos típicos constantes do Código"[48]. Seria, quando menos, descurar que o conteúdo da transação é variadíssimo, não possuindo a figura qualquer conteúdo típico. Destarte, uma determinada concessão, ou mesmo ambas, reciprocamente consideradas (concessões mútuas) podem não revelar, como nos exemplos examinados *supra*, a finalidade que caracteriza este negócio e o extrema dos demais. Não haveria, pois, um conteúdo típico, de que se pudesse extrair a causa do contrato. Esta causa é um *quid* alheio às concessões mesmas (ou à combinação destas) e que se insere no negócio, caracterizando-o, não havendo, pois, qualquer tautologia.

Não basta, contudo, à definição da causa da transação, precisar que esta surge para "prevenir ou terminar um litígio". É necessário, de um lado, precisar o que se há de entender por "prevenção ou término do litígio" e de outro, considerar, ainda que de forma introdutória (e, forçosamente, *in abstracto*), as relações entre a causa e o conteúdo da figura.

1.2.3.1. *"Prevenção" e "litígio".*

Estabelece o art. 840 (art. 1.025 do Código Civil de 1916) que as concessões mútuas são feitas com o escopo de prevenir ou terminar um litígio. Caberia, agora, precisar o que se há de entender, relativamente à transação, por "litígio", e por "prevenção de litígio".

"Litígio" é termo que não figura, nos artigos que o Código Civil de 1916 dedicou à transação, como sinônimo, *v.g.*, de conflito de interesses qualificado por pretensão resistida ou insatisfeita, ou de outra definição semelhante. Trata-se, em verdade, do *litígio judicial*. Revela-o, claramente, o exame dos artigos sobre a forma da transação: com efeito, enquanto o art. 1.028 refere-se a "direitos contestados em juízo" e, portanto, à transação judicial, o art. 1.029 estabelece a forma aplicável ao negócio "Em não havendo ainda litígio". Destarte, o primeiro sentido que se deve atribuir, no sistema do Código Civil de 1916, à idéia de "prevenção de litígio", é o de prevenir que a controvérsia existente se transforme em litígio judicial.

[48] Gregorio Gitti, *L' oggetto della transazione cit.*, p. 142. Para Gitti, a causa da transação seria uma "causa tautologica", "come è il caso di tutte le cause estratte dagli elementi giuridici o soltanto empirici presenti in tutte le definizione dei contratti tipici offerte dal codice".

O artigo 842 do Código Civil de 2002 ("A transação far-se-á por escritura pública nas obrigações em que a lei o exige, ou por instrumento particular, nas em que ela o admite; se recair sobre direitos contestados em juízo, será feita por escritura pública, ou por termo nos autos, assinado pelos transigentes e homologado pelo juiz"), por sua vez, já não permite ilação semelhante. Contudo, se haveria de notar que diversos outros preceitos do Código Civil referem-se, expressamente, a uma *controvérsia* (cf. art. 842; art. 848, § único; art. 849, *caput* e § único; e art. 850, 1ª parte), e, nunca, à mera possibilidade de uma controvérsia, parecendo reforçar, pois, a necessidade de interpretação sistemática da transação como figura voltada, especificamente, à *extinção da controvérsia*, seja esta judicial ou extrajudicial. Sendo assim, se haveria de considerar o termo litígio, ao menos em princípio, não como um sinônimo de qualquer controvérsia, mas, apenas, da controvérsia judicial.

Caberia aludir, neste ponto, à longa disputa que se desenhou em torno da *res dubia* como pressuposto da transação. Com efeito, muito se aludiu à incerteza das partes como pressuposto da transação. Mas, em princípio, sem razão. Com efeito, se se queria aludir a uma "incerteza objetiva", consistente na ignorância do desfecho que pode ter a controvérsia, alude-se, em verdade, apenas à controvérsia como pressuposto da transação, vista sob um seu particular aspecto. Se, por outro lado, se pretende aludir à incerteza subjetiva das partes em controvérsia, então se alude a um dado acidental e irrelevante para a transação. Basta, em verdade, a controvérsia a caracterizar o negócio, sendo perfeitamente possível que as partes, ambas em boa-fé (subjetiva), estejam, cada qual, *certas* da justiça de suas razões.

As alusões à *res dubia*, contudo, tornaram à baila relativamente a esta função da transação de "prevenir um litígio". Com efeito, se se entende este termo como sinônimo de "controvérsia", se haveria, quando menos, de perquirir se a incerteza, nestes casos, não se constitui num pressuposto da transação.

Figure-se o seguinte caso: A, temeroso que seu crédito seja contestado, busca obter de B o reconhecimento da dívida, oferecendo-lhe, em troca, um abatimento. Neste exemplo, há motivo de A, que o induz à conclusão do negócio, motivo este de que B pode sequer haver cogitado (*v.g.*, este deseja o negócio para obter o abatimento da dívida, não, para a prevenção de um hipotético litígio futuro). Não ocorre, pois, transação.

Pode dar-se, todavia, que B, temeroso de ser excutido por um crédito de valor superior, aceite a oferta de A (ou busque, ele próprio, ajuste semelhante). Não houve, ainda, controvérsia; o devedor não sustentou, perante o credor, quanto acredita dever; o credor talvez o tenha feito, ao declarar, *v.g.*, que, reconhecido o montante de 600, "remitirá os 200 restantes". Todavia, é possível que uma parte e outra hajam prefigurado um eventual litígio, o credor imaginando contestado seu crédito, o devedor imaginando a possibilidade de ser acionado por valor maior. Contudo, estas considerações radicam, ainda, no âmbito dos *motivos*, de uma parte e outra, os quais, para caraterizarem o negócio, deveriam ser, de alguma forma, *insertos no negócio* como fim comum e específico de se pré-excluir *eventual* litígio futuro sobre o valor da dívida. Admitindo-se esta possibilidade, estaria caracterizada a transação?

Ainda neste caso, seriam diversos os problemas para a eventual caracterização de uma "transação sobre controvérsia futura". Com efeito, a disciplina mesma da transação parece pressupor a existência de uma controvérsia, notadamente no que se refere à definição mesma das concessões que se fazem as partes e à disciplina do erro na transação (especificamente, no que tange à irrelevância do erro sobre o *caput controversum*). Conforme já se aludiu (cf. item 1.1.1. *supra*), as posições avançadas pelas partes em controvérsia fornecem o parâmetro a partir do qual se identificam as concessões recíprocas realizadas pelas partes, ou, quando menos, a concessão realizada, na "transação mista", por uma das partes, mediante uma contraprestação estranha ao objeto da controvérsia. Para além disto, também a disciplina do erro na transação supõe a existência de uma controvérsia.

Necessário contudo, neste ponto, examinar a hipótese aventada por Salvatore Pugliatti, para quem

> "(...) não há dificuldade em admitir-se que lide ainda não nascida signifique possibilidade, em contraposto à atualidade, da lide (...): o que há de concreto em tal previsão consiste não apenas na genérica eventualidade da lide, mas também naquela específica determinação do possível conteúdo da lide. É necessário, pois, que as pretensões recíprocas, conquanto não ainda operantes, estejam ao menos delineadas, de modo que, uma vez verificados os seus pressupostos de fato, possam ser feitas valer nas suas modalidades previstas. Compreende-se, então, como seja

dado às partes, à base de pretensões que essas prevêem como prováveis, estabelecer um regramento transativo que realize hoje uma solução de compromisso daquela lide que poderia surgir amanhã"[49].

De notar-se que não basta às partes *prever* determinadas pretensões como possíveis (previsões que poderiam restar confinadas ao campo dos motivos); mais que a previsão, seria necessário sua exteriorização, e ulterior composição do negócio a partir do conteúdo das pretensões então delineadas. Todavia, se assim for, temos que o negócio se concluiria, ao menos aparentemente, de forma semelhante à transação (i.e., a partir de uma controvérsia razoavelmente definida pelas partes), à diferença, apenas, que tal controvérsia seria *atual*, num caso, e (aparentemente) *potencial* (ou futura), noutro. Haveria, com efeito, seja num caso, seja noutro, posições contrastantes avançadas pelas partes, a partir das quais se identificariam as concessões recíprocas que se outorgam os figurantes, e que poderiam, quiçá, balizar também os limites em que restaria excluída a anulação de um tal negócio por erro de direito.

Quer-nos parecer, contudo, que não se trata, aqui, de "controvérsia futura" ("lide ainda não nascida", como a refere o texto), mas, sim, de *controvérsia atual sobre as conseqüências de fato futuro* (hipotético). Com efeito, o que se tem, na hipótese vislumbrada por Pugliatti, é, no momento presente, uma parte a afirmar que, de determinado fato, lhe surgiria tal direito, e outra parte a negá-lo, *tout court*, ou a afirmar que, em verdade, lhe surge outro direito. Destarte, seria possível (ao menos teoricamente), a conclusão de um negócio para superar (i.e., *extinguir*) esta controvérsia. À evidência, um tal negócio apenas irradiaria sua

[49] Salvatore Pugliatti, Della transazione, *in* Mariano D' Amelio e Enrico Finzi, *Commentario al Codice Civile*, Libro delle Obbligazioni, II, Firenze, Barbèra, 1949, p. 461. No original:

> "non vi è difficoltà ad ammetere che lite non ancora nata significhi possibilità, in contraposto all' attualità, della lite (...): ciò che di concreto vi è in tale previsione consiste non soltanto nella generica eventualità della lite, ma anche nella specifica determinatezza del possibile contenuto della lite. È necessario, cioè, che le reciproche pretese, per quanto non ancora operanti, si siano almeno delineate in modo che, una volta verificatisi i presupposti di fatto, possano essere fatte valere nelle previste loro modalità. Si comprende allora come sia dato alle parti, sulla base di pretese che essi prevedono come probabili, porre in essere un regolamento transattivo che realizzi oggi una soluzioni di compromesso di quella lite che potrebbe sorgere domani".

eficácia plena (para além da eficácia mínima, consistente na vinculação das partes) em se verificando a hipótese de fato considerada pelas partes, cujas conseqüências já estariam, pois, pré-determinadas.

É de se notar, ainda, que uma semelhante hipótese é, para dizer o menos, rara. De ordinário, esta controvérsia (controvérsia atual, como nos parece) sobre as conseqüências de fato futuro não é, em princípio, relevante *de per si*. As partes, em verdade, antes que considerar determinada possibilidade de controvérsia, para compô-la previamente, considerariam as pretensões que pudessem eventualmente surgir para limitá-las, substituí-las ou, simplesmente, excluí-las. Tratar-se-ia, pois, antes de um intento de pré-fixação das conseqüências de determinado fato, que de pré-exclusão de "controvérsia eventual" (ou futura); tratar-se-ia, em verdade, de excluir (ou limitar, ou substituir) *determinadas pretensões* (que, eventualmente, poderiam surgir), antes que de excluir uma "controvérsia futura" sobre determinadas pretensões (*rectius*, controvérsia atual sobre as conseqüências de fato futuro). Ainda que as partes divirjam sobre as conseqüências de determinado fato (futuro), é possível que as apreciações divergentes relevem não como controvérsia a se eliminar, mas, apenas, como parâmetros para se prefixar as conseqüências de determinado fato. Nesta medida, pois, o fantasma da "controvérsia futura" parece dissolver-se entre a previsão das conseqüências de um determinado fato (i.e., de determinados "pressupostos de fato") e sua fixação negocial.

Se, por outro lado, "os pressupostos de fato" já se verificaram, quer-nos parecer que ou a conduta de uma parte, ou de ambas, exclui que se componha a controvérsia, ou esta se compõe, firmando-se, assim, o pressuposto de uma transação. Nem adiantaria, parece-nos, pretender identificar uma hipótese em que, a partir de determinado evento (presente), uma parte e outra externem "o que crêem de direito" e que *estariam dispostas* a pleitear caso tal se fizesse necessário, firmando, a partir daí, uma solução ao caso; ainda nesta hipótese, já se haveria desenhado, com efeito, um *contraste* entre pretensões, ao indicarem as partes que pretendem persistir exigindo, uma da outra, tal ou qual determinada conduta, ou indicando que resistirão à conduta exigida.

Destarte, pois, a causa da transação se resolveria, sempre, na extinção de uma controvérsia, seja esta judicial ou extrajudicial.

Caberia verificar, ainda, se o litígio a que se refere a transação é, apenas, o litígio de pretensão resistida, ou, também, aquele de pretensão insatisfeita. E, deve-se notar, o sistema do Código parece contemplar, especificamente, o litígio de pretensão resistida, não aquele de pretensão insatisfeita.

Com efeito, se não há litígio, ou sequer incerteza quanto, *v.g.*, ao valor da dívida, qual a necessidade concreta de uma declaração (ou reconhecimento), a que alude o art. 843 (art. 1.027 do Código Civil de 1916)? A disciplina específica do erro na transação também não encontraria, em princípio, qualquer aplicação (cf. art. 1.030 do Código de 1916, art. 849 do novo Código Civil — *verbis*, "coisa controversa", "objeto de controvérsia"). Da mesma maneira, não encontraria aplicação o art. 850 (art. 1.036 do Código Civil de 1916). Parece pois que, em seu conjunto, a disciplina específica da transação resulta inaplicável à hipótese em espécie.

1.2.3.2. *Causa e conteúdo da transação.*

Estabelecido (ao menos *prima facie*) que a transação se destina à superação de uma controvérsia, resta agora considerar as relações entre esta causa e o conteúdo da figura, cabendo relevar, desde logo, que o regramento disposto pelas partes em verdade *especifica* (ou concorre a especificar) a causa da transação. Como observa Santoro-Passarelli, "A composição da lide, em verdade, não tem sentido nem justificação em si mesma, i.e., avulsa daquela situação jurídica sobre a qual as partes acordam para superar o conflito: as partes não desejam a composição da lide em abstrato, mas a composição da lide em determinadas condições [*sic*], à vista da realização de uma certa sistematização de interesses, qualificada, na transação, pela necessidade de operar concessões recíprocas"[50].

O excerto é importante por ressaltar que a composição da lide se produz mediante as concessões (recíprocas) determinadas pelas

[50] Francesco Santoro-Passarelli, *La transazione*, 2. ed., Napoli, Jovene, 1986, p. 230. No original: "La composizione della lite, infatti, non ha senso nè giustificazione in se stessa, avulsa cioè di quella situazione giuridica, sulla quale le parti convengono appunto per superare il conflitto: le parti non vogliono la composizione della lite in astratto, ma la composizione a determinate condizioni, in vista della realizzazione di una certa sistemazzione di interesse, qualificata, nella transazione, dalla necessità di operare reciproche concessioni".

partes, evidenciando, pois, a relação corrente entre a causa da transação e o conjunto de concessões feitas (i.e., o conteúdo do negócio). Contudo, não se resolve aqui a especificação que o conteúdo do negócio aporta à causa concreta da figura. Com efeito, é a partir do conteúdo concreto de cada transação que se determinam as *finalidades específicas* que integram a causa concreta de cada determinada transação (finalidades que podem se traduzir, *v.g.*, no escopo de realização da causa concreta do negócio ou relação anterior, sobre que verteu a transação, ou na modificação desta, em determinado sentido).

O recorte feito por Santoro-Passarelli evidencia a função básica, ou fundamental, da figura (ou, como prefere o autor, "função imediata"[51]), função esta que se verifica quer na chamada "transação pura", quer na chamada "transação mista". Para logo se observa, contudo, ser em princípio criticável a denominação "transação mista" para aquelas transações que contenham concessões estranhas ao *caput controversum*. Com efeito, a designação pode sugerir que se está defronte a um negócio jurídico misto, o que, ao menos em princípio, não ocorre com a "transação mista". Quando o art. 840 (art. 1.025 do Código Civil de 1916) aludiu à extinção da controvérsia mediante concessões recíprocas, não excluiu que uma das concessões, ou algumas delas, fossem estranhas ao *caput controversum*. Uma semelhante concessão é, tal como as demais, elemento do mesmo negócio jurídico de transação, sem que se haja de cogitar, pois, em princípio, de "contrato misto"[52].

[51] Cf. Francesco SANTORO-PASSARELLI, *La transazione*, 2. ed., Napoli, Jovene, 1986, p. 202.

[52] No mesmo sentido, Enrico del Prato. Como observa o autor, "Já se disse (...) que o esquema da transação é um esquema aberto [e] de âmbito amplo, i.e., não individualizado através do conteúdo de uma ou de ambas as prestações deduzidas no contrato: de forma que qualquer prestação pertencente a outra figura típica pode servir à composição da lide sem determinar a exorbitância do esquema transativo" (Transazione (diritto civile), *in Enciclopedia del Diritto*, v. XLIV, Milano, Giuffrè, p. 825. No original: "S' è già detto in apertura que quello transattivo è uno schema tipico ad àmbito ampio, cioè non individuato tramite il contenuto di una od entrambe le prestazione dedotte in contratto: sicchè qualsiasi prestazione appartenente ad altra figura tipica può inerire alla composizione della lite senza determinare l' esorbitanza dallo schema transattivo").

Assim, para o autor, "Isto significa que a *fattispecie* concreta é, de regra, integralmente subsumível no esquema da transação, cuja disciplina terá aplicação direta, enquanto a disciplina do tipo a que pertence a prestação deduzida como matéria de 'concessão' será aplicada apenas enquanto compatível com a função transativa: daqui a exata indução que a transação

De notar-se ainda, como observado, que, consistindo a causa da transação na extinção da controvérsia *mediante uma determinada sistematização de interesses*, estabelecida entre as partes, esta causa pode, nos casos concretos, *especificar-se*, a teor das concessões que se fazem as partes. Trata-se aqui de funções que não servem a *caracterizar*, *in abstracto*, a transação, embora componham a *causa concreta* de determinado negócio.

Assim, *v.g.*, se as concessões que se outorgam as partes, numa transação, apenas aportam modificações à situação anterior (quer se trate, a teor das concessões feitas, de transação "pura", quer se trate de "transação mista"), que sobrevive contudo em seus traços essenciais, observa-se que a transação, para além da sua função (primordial) de extinguir a controvérsia, concorre ainda a "realizar a causa típica da relação originária"[53]. Já as hipóteses de transações ("mistas") que envolvam

mista é uma transação típica, conotada apenas pelo fato de que o objeto do contrato é mais amplo que aquele da lide" (Transazione (diritto civile) *cit.*, p. 825. No original: "Ciò significa che la fattispecie concreta è, di regola, integralmente sussumibile nello schema della transazione, la cui disciplina troverà applicazione diretta, mentre la disciplina del tipo cui appartiene la prestazione deddotta a materia di 'concessione' troverà applicazione solo in quanto compatibile con la funzione transattiva: da qui l' esatta induzione che la transazione mista è una transazione tipica, connotata solo da ciò, che l' oggetto del contratto è più ampio di quello della lite"). Não cabe discorrer, nesta sede, sobre as teorias aplicáveis aos contratos mistos, mesmo porque, como visto, a transação não determina, em princípio, semelhantes questões. Cabe ressaltar, contudo, à vista do que escreveu del Prato, que as causas concretas que possa ter o negócio, estarão, de regra, subssumidas à causa típica da transação.

[53] Neste sentido, Mario Segni. O autor observa que "o regramento definido no acordo transativo pode ter não apenas a função de extinguir a lide, mas também de realizar a causa típica da relação originária. Quando a controvérsia [*v.g.*] sobre a validade de um contrato se extingue, transativamente, com o prosseguimento da antiga relação, eventualmente modificada pelas concessões recíprocas (que é pois a hipótese que aqui interessa), o acordo alcançado com a transação realiza conjuntamente o escopo de superar a controvérsia e de realizar a causa econômico-social do contrato" (Natura della transazione e disciplina dell' errore e della risoluzione, *in Rivista di diritto civile*, Padova, CEDAM, 1982, parte prima, p. 278. No original: "il regolamento definito nell' accordo transattivo può avere non solo la funzione di chiudere la lite ma anche di realizzare la causa tipica del rapporto originario. Quando la controversia sulla validità di un contratto si chiude transattivamente con la prosecuzione del vecchio rapporto, eventualmente modificato attraverso le reciproche concessioni (che è poi l' ipotesi che qui interessa), l' accordo raggiunto con la transazione realizza insieme lo scopo di superare la controversia e di relizzare la causa economico-sociale del rapporto").

O quanto se afirmou aqui se aplica, à evidência, não apenas para a hipótese de uma controvérsia sobre a validade (cogite-se, neste ponto, para facilitar o exemplo, das causas de anula-

concessões estranhas à situação jurídica originária (controversa), por seu turno, requerem análise mais particularizada, sendo, quiçá, mais difícil o desenho de soluções gerais[54].

bilidade, em que a figura é eficaz, podendo esta eficácia tornar-se definitiva) de um contrato, mas para qualquer transação cujo efeito limite-se, apenas, a modificar a relação anterior.

[54] Ocupou-se da questão Mario Segni. Observa o autor, em relação à assunção de novas prestações, fixadas na transação, que "Ou as novas obrigações integram o esquema causal da velha relação, que vem por estas modificada, mas permanece íntegra nos seus elementos essenciais; ou ao contrário, a velha relação entra a fazer parte de um esquema contratual mais amplo, de que esta se torna um elemento e pelo qual vem, por assim dizer, absorvida" (Natura della transazione e disciplina dell' errore e della risoluzione, *in Rivista di diritto civile*, Padova, CEDAM, 1982, parte prima, p. 274. No original: "O i nuovi obblighi entrano a far parte dello schema causale del vecchio rapporto, che perciò viene da quelli modificato ma rimane integro nei suoi elementi essenziali; o al contrario, il vecchio rapporto entra a far parte di un nuovo schema contrattuale piú ampio, di cui esso diviene un elemento, e dal quale viene, per cosí dire, assorbito").

No primeiro caso, a relação anterior persiste, após a transação, apenas modificada, ou possivelmente modificada, pelas concessões que se fazem as partes. Já no segundo caso, para Segni, "a velha relação foi absorvida pelo esquema contratual criado pela transação" (Natura della transazione *cit.*, p. 279. No original: "il vecchio rapporto è stato assorbito dallo schema contrattuale creato dalla transazione"), vale dizer: "A persecução (com eventuais modificações) dos efeitos contratuais dispostos com a transação é, com efeito, funcionalmente ligada às novas obrigações constituídas com este negócio; e o sinalagama não é, mais, pois, só aquele nascido da velha relação, mas liga estas obrigações [da velha relação] àquelas nascidas da relação transativa" (Natura della transazione *cit.*, p. 275. No original: "La prosecuzione (con eventuale modifiche) degli effetti contrattuali disposte con la transazione è infatti funzionalmente legata ai nuovi obblighi costituiti con questo negozio; e il sinalagma non è piú quindi solo quello nato del vecchio contratto, ma lega queste obrigazioni ai nuovi obblighi sorti con il negozio transattivo"). Nesta ordem de idéias, Segni alude à hipótese de uma controvérsia sobre a validade de um contrato de compra e venda, que se encerra, *v.g.*, pela renúncia do vendedor a sua alegada "ação de nulidade" contra a assunção, pelo comprador, de uma nova prestação (cf. Natura della transazione *cit.*, p. 279-280), afirmando que, "se antes da transação a obrigação de pagamento do preço tinha o seu correspectivo apenas na transferência de propriedade, depois da transação esta obrigação é ligada sinalagmaticamente também à diversa prestação do comprador [assumida com a transação], já que tal obrigação é assumida em vista da superação da lide e da manutenção da relação contratual" (Natura della transazione *cit.* 279-280. No original: "se prima della transazione l' obbligo del pagamento del prezzo aveva il corrispettivo solo nel trasferimento della proprietà, dopo il negozio transattivo l' obbligo è legato sinallagmaticamente anche alla diversa prestazione del compratore [assumida com a transação], giacchè tale obbligo è assunto in vista del superamento della lite e del mantenimento del rapporto contrattuale"). Para Segni, as "relações antecedentes à transação e [as relações] criadas com esta são fundidas em um negócio

único" (Natura della transazione *cit.*, p. 275. No original: "i rapporti antecedenti alla transazione e creati con questa sono fusi in un negozio unico"), embora se possa dizer, mesmo nestes casos, que a transação permite o prosseguimento da relação já existente (cf. Natura della transazione *cit.*, p. 274-275).
Trata-se de concepções que necessitam de exame mais aprofundado. Antes, contudo, caberia tornar ao exemplo figurado por Segni: quem alega a nulidade de um contrato, alega *inexistente* a relação. Donde, segundo nos parece, não ser possível conceber-se uma transação concluída, simplesmente, pela "renúncia" à ação de nulidade. Seria possível facilitar-se o exemplo, e cogitar-se não de um caso de nulidade, mas de anulabilidade, figurando-se, pois, uma renúncia à ação de anulação, mediante uma determinada contraprestação estranha à relação controversa. Uma semelhante modificação do exemplo, aliás, não prejudicaria a análise das concepções de Segni, pois, a teor das afirmações peremptórias do autor, "Ou as novas obrigações integram o esquema causal da velha relação (...) ou ao contrário, a velha relação entra a fazer parte de um esquema contratual mais amplo". Destarte, seria possível considerar-se qualquer exemplo de transação mista cuja conclusão incluísse o estabelecimento de prestações estranhas à relação controversa. Feitas estas observações, pode-se passar à análise das posições de Segni.
Deve-se reconhecer, à concepção de Segni, o mérito de ressaltar a finalidade última a que se dirige a transação, que é, pela fixação da relação jurídica controversa, permitir sua *execução*. O autor, como visto, alude à "manutenção da relação contratual", mas o termo "manutenção" quiçá não traduza eficientemente seu pensamento. Com efeito, a "manutenção" da relação pode indicar, em acepção mais restrita, apenas o fato da renúncia a uma eventual ação de desconstituição (como o são, *v.g*, as ações derivadas da anulabilidade) e não, também, o escopo de se permitir, com a fixação da relação controversa, sua execução e o atingimento de sua finalidade, como parece considerar Segni. O autor, como visto, considera todas as prestações, quer estabelecidas pela compra e venda (hajam sido, ou não, fixadas pela transação), quer assumidas, *ex novo*, na transação (e estranhas à relação de compra e venda), unidas em um mesmo sinalagma, de sorte, aliás, que o inadimplemento de qualquer uma delas, ainda que não haja sido tocada pela transação, permitirá a resolução de todo o conjunto (cf. Natura della transazione *cit.*, p. 279-280). Contudo (e assumindo a referida finalidade como ínsita à transação), caberia verificar como se articulam (ou se podem articular) estas distintas concessões.
Quer-nos parecer que vislumbrar todas as prestações unidas num mesmo sinalagma pode não ser, à vista do conteúdo concreto de uma transação, a reconstrução mais adequada do fenômeno. No exemplo em tela, com efeito, a nova prestação assumida pelo comprador é, formalmente, o correspectivo da renúncia a uma (alegada) "ação de nulidade" (cogite-se, aqui, de anulabilidade, para facilitar o exemplo), e não, pura e simplesmente, o correspectivo do bem que o vendedor (que sustentara, no exemplo, a invalidade do contrato), deve prestar. Quer-nos parecer pois que, neste exemplo, mais que uma única relação, em que se relacionam, sinalagmaticamente, todas as prestações, o que se pode ter é, em verdade, *duas* relações i.e., a relação de compra e venda, fixada nos termos resultantes da transação, e a

O tema das relações entre a causa e o conteúdo da transação leva ainda a considerar as questões da chamada "transação novativa" e da possibilidade de conceber-se a transação como um contrato obrigacional.

Por "transação novativa", parece-nos, se há de entender, ao menos em primeira aproximação, aquela em que as partes, para extinguir determinada controvérsia, *substituem* a situação jurídica anterior (qualquer que fosse esta) por uma nova, *distinta*, e que não se pode ter, pois, como prosseguimento da eventual relação anterior. A restrição é relevante porque há transações que, embora aptas a, potencialmente, constituir *ex*

promessa de prestação, feita, no exemplo de Segni, pelo comprador ao vendedor, em troca da renúncia à ação de anulação. *Ad argumentandum*, mesmo que a controvérsia verse sobre a própria existência da relação (*v.g.*, alegava-se, nulo, ou ineficaz, o contrato), e que a transação haja de ser, pois, em si mesma, apta a (*potencialmente*) constituir, *ex novo*, a relação, é possível, ainda neste caso, e a teor dos termos da transação, que se verifique não o surgimento de relação jurídica *una* a congregar todas as prestações (i.e., aquelas prestações surgidas da compra e venda, e aquela surgida com a transação), mas sim de uma relação *de compra e venda*, nos termos fixados pelas partes, *e* de uma promessa de prestação, assumida na transação, que se tanto se pode considerar coligada à mencionada relação de compra e venda. O "sinalagma" a que aludiu Segni seria, em verdade, a coligação recíproca entre uma e outra relação. Aliás, é por esta via que se pode compreender como Segni possa haver aludido, mesmo nestes casos, ao "prosseguimento da relação existente". Esta coligação se fundaria na consideração (presente, segundo nos parece, no pensamento de Segni) de que a nova prestação é feita, em última análise, para obtenção daquelas fixadas no contrato originário (ainda que modificadas, eventualmente, pela transação), com o que a própria causa da transação se especificaria, de sorte que o inadimplemento (culposo) de qualquer prestação, pelo vendedor, poderia acarretar, também, a terminação da transação (tratar-se-ia de considerar que a transação não se exaure na fixação da relação entre as partes, inserindo-se também, como fim da transação, o de permitir o desenvolvimento e execução da relação assim fixada).
Outra questão ainda suscita esta concepção de Segni: refere-se o autor a uma possível absorção da relação originária pelo esquema contratual mais amplo definido na transação. Evidentemente, a causa desta relação seria distinta, ainda que parcialmente coincidente, à da compra e venda originária, não havendo o autor aludido a uma "novação" (pelo contrário, chegou a aludir a "manutenção da relação" e "prosseguimento da relação existente"). Trata-se de uma consideração de importantes conseqüências para a disciplina da novação, pois o autor parece considerar a possibilidade que a relação anterior subsista, embora *transformadamente*, pelo ingresso de um outro dever de prestação, *v.g* à medida em que outros deveres de prestação foram mantidos, e em que as finalidades econômicas forem parcialmente convergentes. Significa afirmar que nem toda a mudança na causa de uma relação jurídica (como ocorreria, *in casu*, pela inclusão de um novo dever de prestação) implicaria, necessariamente, novação da relação.

novo a relação jurídica, não se destinam, *ab initio*, a substituir a anterior situação. Imagine-se, *v.g.*, que as partes controvertem sobre se determinado fato (*v.g.*, um determinado acidente) dá ou não ensejo ao surgimento do dever de indenização. A controvérsia se extingue mediante o reconhecimento, por uma das partes, do dever de pagamento (fixado, talvez, em montante inferior àquele sustentado, originalmente, pelo figurante lesado). Nesta hipótese, é certo, as partes desejaram a sistematização de interesses estabelecida na transação, sem, porém, desejar a substituição da relação anterior porventura existente (o reconhecimento exclui que se cogite de eventual "*animus novandi*")[55], [56].

[55] Merecem especial análise, neste passo, as controvérsias que se encerram mediante a renúncia de determinada "pretensão" a câmbio de alguma determinada contraprestação. Tratar-se-iam, também, de "transações novativas"? Para logo se haveria de observar que, em algumas destas hipóteses, não seria possível vislumbrar-se qualquer "novação", à medida em que a renúncia permitirá, exatamente, a continuação da relação jurídica anterior. Tal ocorrerá, *v.g.*, nos casos de renúncia à (alegada) ação de anulação, ou, mais amplamente, de qualquer "pretensão" voltada à terminação da relação jurídica anterior. Noutros casos, é certo, se poderá verificar a criação de uma nova relação, em lugar da anterior, que se extingue. Imagine-se que, alegado determinado dever de indenização, o causador obtém que o figurante lesado renuncie à sua "pretensão", mediante determinada contraprestação (cogite-se aqui, para facilitar o exemplo, de uma prestação de conteúdo estranho à indenização pleiteada, pois do contrário pareceria, *prima facie*, haver evidente intento de novação). Nesta situação, parece que o negócio firmado pelas partes se reconduz aos termos do art. 840 do Código Civil de 2002 (art. 1.025 do Código Civil de 1916), conformando, pois, uma transação típica, em que há concessões recíprocas feitas, exatamente, para pôr fim à controvérsia. Donde se haver de concluir, nestes casos ao menos, que a substituição de uma relação por outra se pode reconduzir ao "esquema típico" da transação. Surgiria aqui, contudo, o problema (problema, este, com grande repercussão para a matéria) de se determinar quando a extinção de determinada posição jurídica é (ou pode ser) valorada individualmente, como uma das concessões de um negócio sinalagmático, ou quando a extinção da (suposta) posição ou relação jurídica anterior não possui tal relevância, sendo, apenas, o efeito (quiçá, efeito reflexo) do estabelecimento de um novo arranjo de interesses. Uma diretriz que se deve atentar, neste ponto, é a da incompatibilidade entre o novo negócio, desejado pelas partes, e a situação originária, quando, então, se poderá cogitar de "transação novativa". Nesta hipótese, a fixação de uma nova relação envolve e supera a finalidade de extinção de uma controvérsia, podendo mesmo ser impossível determinar-se, relativamente à situação anterior e à controvérsia havida entre as partes, quais as "concessões recíprocas" que estas se hajam outorgado.

[56] Cumpre, neste ponto, fixar algumas premissas. Observa Segni que "Não pode haver dúvida, evidentemente, que o ato negocial não pode nunca determinar o efeito, típico da sentença, de acertar, de modo definitivo e com eficácia absolutamente retroativa, a reali-

dade de fato e jurídica de uma situação presente ou passada" (Natura della transazione e disciplina dell' errore e della risoluzione, *in Rivista di diritto civile*, ano XXVIII, parte prima, Padova, CEDAM, 1982, p. 256. No original: "Non può esservi dubbio evidentemente che l' atto negoziale non può mai svolgere l' effetto, tipico della sentenza, di accertare, in modo definitivo e con efficacia assolutamente retroattiva, la realtà di fatto e giuridica di una situazione presente o passata"). Sem se poder conduzir, nesta sede, o exame da sentença e de seus efeitos, cabe ressaltar que, ao menos aparentemente, a autonomia privada se reporta, fundamentalmente, à definição de efeitos jurídicos e, ainda, que um seu eventual efeito retroativo é, se tanto, reconhecido às relações obrigacionais entre as partes (cf. Natura della transazione *cit.*, p. 267).

Para Segni, "Aquilo que as partes podem fazer é empenharem-se a considerar a situação pregressa de um certo modo, de sorte que, no que tange às suas relações, a situação preexistente vale [*sic*] no modo em que as partes a determinam com o negócio. Assim, na controvérsia relativa ao montante de de uma obrigação (...) a situação das partes relativa à relação obrigacional, depois do ato transativo, é tal como se a obrigação houvesse surgido, desde o início, na forma estabelecida pela transação. Mas em verdade a transação não muda a relação precedente, apenas obriga as partes a comportar-se como se esta houvesse sido realizada de certo modo" (Natura della transazione *cit.*, p. 257: "Ciò che le parti possono fare è di impegnarsi a valutare la situazione pregressa in un certo modo, sicché, per quanto riguarda i loro rapporti, la situazione pregressa vale nel modo in cui le parti la determinano con il negozio. Così nella controversia relativa all' ammontare di una obbligazione (...) la situazione delle parti relativa al rapporto obbligatorio, dopo l' atto transattivo, è tale come se la obbligazione fosse nata sin dall' inizio nella entità stabilita nella transazione"). Páginas adiante, anota o autor que "salva a hipótese da transação novativa, deve atribuir-se ao negócio transativo um caráter meramente modificativo, enquanto não se demonstre a inexistência [ou invalidade, ou ineficácia] do título precedente (...). Salva esta hipótese, a fonte da relação se deve considerar o ato ou fato originário, não a transação" (Natura della transazione *cit.*, p. 272: "salva l' ipotesi della transazione novativa, deve attribuirsi al negozio transattivo un carattere meramente modificativo, sino a che non si dimostri l' inesistenza [ou invalidade, ou ineficácia] del titolo precedente (...). Salva questa ipotesi, la fonte del rapporto controverso si deve considerare l' atto (o il fatto) originario, non la transazione").

Esta concepção suscita algumas questões importantes. O Código se refere a reconhecimento ou declaração "de direitos" (cf. art. 843), i.e., posições jurídicas. Destarte, as partes não reconheceriam, em princípio, fatos, ainda que fatos jurídicos, mas apenas disporiam sobre efeitos. Assim, se a controvérsia surge a respeito da eficácia de um fato a produzir obrigações (*v.g.*, o dever de indenizar, por responsabilidade aquiliana), a parte, malgrado diga reconhecer "sua culpa", ou "seu dever de indenizar" ("reconhecimentos" que implicariam em verdade a *qualificação jurídica de determinado fato*, considerando-o fonte de responsabilidade civil), em verdade o que se dá é vinculação a deveres (*v.g.*, deveres de natureza pecuniária), restando a examinar como se dá a fixação destes deveres e de seu conteúdo. De notar-se, ainda, que a alusão a "reconhecimento", ou a um fato anterior, que se têm como produtivo de dívida, implicaria, segundo nos parece, *a exclusão do animus novandi* (i.e., quer-se a fixação da relação nos termos estabelecidos na transação, sem que isto implique necessária extinção da relação jurídica anterior — caso exista, efetivamente — e substituição pela relação fixada com a transação), donde a eficácia da transação (do reconhecimento inserto na transação) ser variável.

Resta, pois, examinar como se dá a fixação do conteúdo destes deveres ou, mais amplamente, posições jurídicas. O conteúdo de tais posições será, em princípio, aquele expresso no próprio negócio (e que espelhará, ou tende a espelhar, o conteúdo pretendido pela parte adversa). Se tanto, pode dar-se que a menção, no negócio, a um fato anterior, porventura considerado como a fonte da relação, concorra a especificar o conteúdo deste dever (fixado, contudo, em princípio, no negócio de reconhecimento). Assim, *v.g*, se se reconhece a existência de determinado dever de pagamento de juros, e se o têm como derivado de determinado fato anterior, o montante dos juros devidos deverá ser calculado (salva alguma modificação estabelecida pelas partes), parece-nos, considerando o trato de tempo existente entre o fato originário e a época do pagamento, não apenas aquele trato de tempo decorrente do reconhecimento ao pagamento (conclusão que, todavia, deve ser avaliada à luz da boa-fé, das circunstâncias do caso e do próprio reconhecente, a fim de se evitar abusos). Mas se trata, aqui, todavia, de concorrer a especificar um conteúdo já definido pelo negócio de reconhecimento. Tratar-se-ia pois, em última análise, de reconhecer (fixar) *efeitos* análogos àqueles que (supostamente) teriam surgido do ato originário, com a qualificação que lhe atribuem as partes, o que é algo distinto de "interpretar a situação precedente de uma dada maneira". Se tanto, se poderia cogitar se a referência a um fato anterior, e à sua suposta qualificação, serviriam a fixar, *per relationem*, o conteúdo do reconhecimento, mas surgiria, aqui, o delicado problema dos limites em que é admitida a fixação de conteúdo por referência a um outro fato, ou instrumento. De toda sorte, tratar-se-ia, ainda, da fixação de deveres, de posições jurídicas, não de interpretação que se deve atribuir a determinado fato, ou determinada situação.

Um exemplo como o presente suscitaria ainda a dificuldade adicional consistente em que o reconhecimento pode implicar a mudança não apenas da fonte do dever que se reconhece, mas da natureza jurídica desta mesma fonte. Com efeito, pode dar-se que o dever se haja originado do fato mesmo, e seja mantido pelo negócio em tela, ou que haja sido constituído, *ex novo*, pelo reconhecimento, quando então será um dever de natureza negocial, com possíveis variações na disciplina de um e outro. Pode-se desenhar aqui, uma limitação, senão à possibilidade, à utilidade ou eficiência deste negócio jurídico de fixação. Com efeito, à medida em que determinadas regras demandarem identificação precisa da fonte para que sejam aplicadas, (i) ou se entende que a referência ao fato anterior, considerado fonte da relação, haja permitido incluir, *per relationem*, como conteúdo do negócio jurídico de reconhecimento (i.e., como conteúdo da manifestação de vontade) a disciplina positiva dos deveres de indenização (ou, quando menos, aqueles preceitos supostamente aplicáveis à espécie); ou (ii) a aplicação de determinadas regras dependerá de novo acordo entre as partes ou do exame (judicial) da situação originária, para se verificar se do ato derivava, ou não, o dever

Neste sentido restrito, quer-nos parecer que as "transações novativas" já superam, em verdade, o esquema típico da transação. Observa Carresi que, nestes casos "seria talvez preferível falar, antes que de transação novativa, de negócio (compra e venda, locação, etc...) com finalidade transativa, para evidenciar assim que, na nova situação, os elementos do concreto negócio típico prevalecem sobre aqueles da transação (...)"[57]. De notar-se, ainda, a impropriedade da locução "transação nova-

de indenizar (note-se, não se trata de discutir a existência de um dever, com determinado conteúdo, pois tal dever foi fixado pela transação, mas sim de verificar qual sua fonte), e assim definir-se a regra aplicável. A primeira solução suscita o problema de se saber se, e em que medida, é admissível tal fixação *per relationem*, sendo ainda limitada pela existência de matérias excluídas à apreciação da autonomia privada (*v.g.*, na hipótese em tela, os prazos de prescrição aplicáveis a uma e outra hipótese).
Segni sustenta que as partes empenham-se a considerar (interpretar) a situação precedente em um determinado sentido. Quer-nos parecer que não se trataria de um suposto *dever* de interpretar as prestações como decorrentes de um determinado ato ("dever" que, como qualquer outro, seria passível de violação), mas, se tanto, da vinculação, já expressa no reconhecimento e fixada com este, de serem as relações, entre as partes, consideradas como surgidas de determinado fato (*v.g.*, do ato originário), não da transação. Todavia, e conquanto a tese possa corresponder ao sentido que as partes atribuam ao reconhecimento, seria ainda necessário, parece-nos, comprovar que o ordenamento jurídico confere este efeito ao reconhecimento, e verificar se um tal efeito não se resolveria, apenas, na fixação de conteúdo do reconhecimento (inclusive, na fixação do conteúdo *per relationem*, como se apontou). O que nos parece certo é que (i) o reconhecimento, na transação, não é puramente declarativo, sendo, em verdade, potencialmente constitutivo (cf. *infra*, Capítulo 2, itens 2.3. e 3.2., e Capítulo 3, item 1.1.); e (ii) a alusão a reconhecimento, ou ao fato anterior, exclui o *animus novandi* (o "reconhecimento", em verdade negócio jurídico unilateral de fixação, apenas irradiará eficácia total, constituindo a posição jurídica ou relação jurídica se ineficaz, a tanto, o fato originário, que as partes apontam como fonte da relação). Destarte, se o fato determinava mesmo, segundo o ordenamento, o surgimento do dever de indenizar, o reconhecimento poderá ter determinado, apenas, eficácia mínima, consistente na vinculação da parte aos termos do reconhecimento, permanecendo, contudo, o dever de indenizar surgido do sinistro; possivelmente, terá determinado, também, eficácia modificativa, se o valor fixado pelas partes diferir do que, em verdade, lhes caberia. Contudo, se o fato não determinava nenhum dever de prestação, tem-se que este dever é, em verdade, contratual, com a possibilidade de surgirem ulteriores problemas a respeito da disciplina aplicável. Este, pelo menos, o princípio. De notar-se, contudo, que não será possível às partes suprimir a referência à fonte originária, pois que não estarão aptas a determinar de qual ato surgiu o dever; donde, pois, se haver de referir a uma e outra fonte.

[57] Franco CARRESI, *La transazione*, 2. ed., Torino, UTET, 1966, p. 124. No original: nestes casos "sarebbe forse preferibile parlare, anzichè di transazione novativa, di negozio (com-

tiva", porque é possível que a nova relação, planejada pelas partes, se constitua ainda que inexistente a relação anterior (*v.g.*, decide-se criar uma *nova* relação jurídica, superando-se, com isto, a antiga controvérsia sobre a nulidade do negócio originário e, pois, sobre a existência mesma da relação e das obrigações que nela se compreendem), o que contrasta com os princípios aplicáveis à novação (o art. 367 do Código Civil refere a obrigações "nulas ou extintas", excluindo, nestes casos, a novação. De notar-se, aqui, que é errada a referência a "obrigações nulas"; as obrigações, como efeitos, apenas *são*, ou *não são*).

Outra questão que se põe, a partir da definição da causa da figura, consiste em saber-se se, e em que medida, a transação se pode conceber como um contrato obrigacional, fixando às partes, apenas, os deveres de concluir aqueles determinados atos, ou negócios, mediante os quais se extinguirá a controvérsia. É de se notar neste ponto que, sendo a causa da figura, *prima facie*, a efetiva superação do litígio, não a mera vinculação a superá-lo, uma semelhante redução aparece problemática. Deste tema se tratará, contudo, com maior detalhe, no capítulo seguinte, dedicado ao exame da estrutura da transação.

1.2.3.3. *Relações entre a controvérsia e a transação.*

Tem-se ressaltado, ao se definir a causa da transação, o dado da extinção da controvérsia. É necessário, contudo, ao menos à vista de determinadas hipóteses de transação, aprofundar o exame das relações entre a controvérsia concretamente desenvolvida entre as partes, e superada pela transação, e o regramento posto pelo negócio.

A doutrina, em especial a italiana, tem ressaltado, fundamentalmente, dois modos de operar da transação, variando conforme esta incida, apenas, sobre determinado ou determinados pontos da relação jurídica anterior, ou, ao contrário, incida sobre toda a relação[58], hipótese

pravendita, locazione, ecc.) con finalità transativa, per mettere così in evidenza che nella nuova situazione gli elementi del concreto negozio tipico prevalgono su quelli della transazione (...)".

Antes que mencionar-se "negócios com finalidade transativa", parece-nos, seria mais correta a referência a negócios com finalidade de extinção da controvérsia, que seria mais ampla.

[58] Uma síntese crítica destas concepções se pode encontrar em Mario Segni, Natura della transazione e disciplina dell' errore e della risoluzione, *in Rivista di diritto civile*, ano XXVIII, parte prima, Padova, CEDAM, 1982, p. 264 ss.

esta particularmente notável quando se controverte sobre a validade (nulidade) ou eficácia de determinado negócio jurídico, ou, mais amplamente, sobre a existência de uma determinada relação (como se, *v.g.*, se controverte sobre se determinado fato gera, ou não, a obrigação de reparar o dano). No primeiro caso, a transação determinaria, de ordinário, apenas uma eficácia modificativa, ou potencialmente modificativa, da relação (sem se considerar aqui, à evidência, o possível intento das partes de realizarem uma "transação novativa"). No segundo, a transação *pode* determinar a constituição *ex novo* da relação[59]. Ambas as hipóteses suscitam questões importantes relativamente à transação e sua causa, questões que se intenta, ao menos, introduzir no presente item.

Torne-se aqui ao exemplo, comezinho, da controvérsia sobre o valor de uma dívida, terminada mediante transação. *Quid inde*, se o negócio de que (supostamente) surgiu a dívida fosse nulo, ou ineficaz?

O Código Civil alemão estabelece, no § 779, que a transação "es ineficaz, si la situación tomada como base firme, según el contenido del contrato, no corresponde a la realidad y el litígio o la incertidumbre no habrían nacido con el conocimiento de la situación — verdadera —"[60]. Trata-se aqui, segundo Larenz, de defeito ou falta de *base subjetiva* do negócio jurídico[61], que o autor entende como "aquella común representación mental de los contratantes por la que ambos se han dejado guiar al fijar el contenido del contrato. La representación tiene que haber inducido a concluir el contrato no a una sino a ambas partes"[62].

Sem que se busque fixar aqui a interpretação deste preceito, cabe observar que determinadas situações que se poderiam, em princípio, subsumir ao § 779, configurariam, em verdade, hipóteses de falta de base objetiva do negócio, que consiste naquelas circunstâncias "cuya existencia o persistencia presupone debidamente el contrato — sépanlo

[59] Cf. o exemplo analisado no item 1.2.3.2. *supra*, nota n. 56, e os problemas suscitados a partir da concepção de semelhante hipótese.

[60] Carlos Melon Infante, *Código civil alemán* (BGB), Barcelona, Bosch [1994] p. 159.

[61] Cf. Karl Larenz, *Derecho de obligaciones*, v. I, Madrid, Editorial Revista de Derecho Privado, 1978, p. 140; *id.*, *Base del negocio jurídico e cumplimiento de los contratos*, Madrid, Editorial Revista de Derecho Privado, 1956, p. 71 ss. De notar-se, contudo, a opinião em contrário de F. Leonhard, referida à p. 72-73.

[62] Karl Larenz, *Base del negocio jurídico e cumplimiento de los contratos*, Madrid, Editorial Revista de Derecho Privado, 1956, p. 41.

o no los contratantes — ya que, de no ser así, no se lograría el fin del contrato, el proposito de las partes contratantes y la subsistencia del contrato no tendría 'sentido, fin u objeto'"[63]. Exemplo deste fato é, exatamente, a controvérsia sobre o valor da dívida quando o contrato é, em verdade, nulo: aquela controvérsia, desenvolvida concretamente entre as partes, *objetivamente não se poderia compor*. Falha, é certo, a causa da transação (o fim, a que alude Larenz), mas, em princípio, já não se há de cogitar da causa, ou da falha desta, para a disciplina das conseqüências do negócio. Talvez a questão se resolva, pura e simplesmente, na nulidade da transação por impossibilidade do objeto (fixar o valor de dívida inexistente). Santoro-Passarelli, por seu turno, recorda que, em hipóteses como a presente, a "Fonte da situação permanece o título originário, e a transação lhe estabelece o *conteúdo*"[64], de sorte que "a *queda* do título, por defeito originário ou superveniente, *arrasta* a transação, que se torna *inútil* pela falta da situação sobre a qual deve operar, sem que seja *necessária* nem *possível* uma impugnação por erro"[65], solução que talvez se pudesse traduzir em termos de *ineficácia*, originária ou superveniente, da transação. Com efeito, faltando aquela relação mais ampla em que se haveria de inserir o preceito, concretamente fixado pela transação, esta não pode determinar qualquer efeito, donde se haver de cogitar, quando menos, de sua ineficácia (quiçá, como dito, de sua nulidade). Destarte, a concepção de uma tutela derivada da base subjetiva do negócio, e sua aplicação a casos como o presente seria, quando menos, redundante.

Diverso é o caso quando a transação é, por si só, apta a constituir, *ex novo*, a relação jurídica. Já se aludiu a que, quando a discussão investe, a partir do ato jurídico, a existência mesma da própria relação[66] (como,

[63] Karl LARENZ, *Base del negocio jurídico e cumplimiento de los contratos*, Madrid, Editorial Revista de Derecho Privado, 1956, p. 37.

[64] Francesco SANTORO-PASSARELLI, *La transazione*, 2.ed., Napoli, Jovene, 1986, p. 158. No original: "Fonte della situazione rimane il titolo originario e la transazione ne stabilisce il *contenuto*".

[65] Francesco SANTORO-PASSARELLI, *La transazione*, 2.ed., Napoli, Jovene, 1986, p. 158. No original: "(...) la *caduta* del titolo, per diffetto originario o soppravvenuto, *travolge* la transazione, che diventa *inutile* per mancanza della situazione su cui deve operare, senza che sia *necessaria* né *possibile* un' impugnativa per errore".

[66] Nem toda a controvérsia que atinja a fonte da relação jurídica coloca em xeque a existência da própria relação: considere-se, *v.g.*, uma controvérsia sobre eventual causa de anulabilidade do negócio jurídico.

v.g., se se controverte sobre a aptidão de um fato a determinar um dever de indenização, ou se alega nulo, ou ineficaz, o contrato), será necessário, para a fixação da relação jurídica entre as partes, que a transação contenha em si a possibilidade de constituir, *ex novo*, a relação jurídica, seja esta semelhante à primeira, seja distinta, pondo-se "em lugar da primeira" (sem se poder estabelecer, contudo, pela transação, se esta existia ou não).

Este fato pode determinar uma questão importante: pode dar-se que as partes hajam controvertido, *v.g.*, sobre *determinada* causa de invalidade, ou de ineficácia de um negócio, superando-a mediante uma transação como a que se aludiu acima; contudo, pode dar-se que, além do eventual défice representado por aquela específica causa discutida pelas partes, o fato jurídico fosse, em verdade, atingido por outra, ou *outras* causas de invalidade, ou de ineficácia, sequer consideradas pelas partes[67]. Quais as consequências, neste caso?

[67] Necessário, contudo, fixar alguns pontos a respeito de uma semelhante hipótese. Por primeiro, deve-se observar que não se reconhecem fatos (*v.g.*, o contrato é válido, ou não é válido, é eficaz, ou não é eficaz) mas, apenas, fixam-se efeitos. Trata-se de negócio jurídico cuja eficácia é variável, conforme seja, a seu turno, válido (e eficaz), ou inválido (ou, simplesmente, ineficaz), o contrato originário. No primeiro caso, poderá produzir, apenas, uma eficácia mínima, consistente na vinculação dos figurantes aos seus termos, que são em verdade coincidentes aos do contrato; mas é freqüente que as partes aportem também, mediante suas concessões, alguma modificação ao conteúdo da anterior situação jurídica; no segundo, contudo, mais que alguma eventual modificação, haverá a *constituição* da relação jurídica, estabelecendo uma relação de conteúdo semelhante àquele do contrato (ressalvadas, certo, as modificações feitas pelas partes).
Alguns tópicos necessitam, aqui, de ulterior análise. O primeiro é que a fixação destes efeitos exigirá o concurso das duas partes, enquanto o reconhecimento parece ser, eminentemente, unilateral (alguém, reconhece, contra si, determinada posição jurídica). Nenhuma dificuldade neste ponto, pois que o "reconhecimento" consiste, em verdade, não numa declaração, mas num negócio jurídico de fixação, potencialmente constitutivo (como qualquer negócio jurídico), configurando-se, pois, a possibilidade de se concluir um negócio de fixação bilateral (aliás, será hipótese freqüente, pois se tratará de uma disposição conjunta das duas partes sobre a relação jurídica como um todo). Para além disto, se há de considerar que não basta a uma parte, ou a ambas, "reconhecerem eficaz o contrato". A transação, como dito, há de ser eficaz, em si, a constituir, ex novo, a relação jurídica. Donde, pelo menos em princípio, ocorrer a necessidade de serem reproduzidas (com as modificações que desejarem as partes) as disposições do contrato originário (cf. Mario Segni, Natura della transazione e disciplina dell' errore e della risoluzione, in *Rivista di diritto civile*, ano XXVIII, parte

prima, Padova, CEDAM, 1982, p. 271 e, infra, Capítulo 3, nota n. 218). Aqui, a menção ao "reconhecimento" da validade, ou da eficácia, do contrato originário, apenas indicará (i) a exclusão do *animums novandi*; e (ii) que as obrigações fixadas no negócio de reconhecimento serão, quanto a seu conteúdo, *como se* fossem do anterior contrato, válido desde sua origem (esta precisão é bastante importante, no que tange, *v.g.* à determinação do importe das obrigações respectivas — cf., na nota n. 56 *supra* o exemplo relativo à fixação de uma prestação de juros).

Algumas observações, por fim, quanto à possibilidade de uma transação em casos de alegação de nulidade contratual. Há de se verificar, por primeiro, a compatibilidade entre estas hipóteses de transação e os limites postulados pelo art. 841 do Código Civil ("Só quanto a direitos patrimoniais de caráter privado se permite a transação"; idem, art. 1.035 do Código Civil de 1916). Verdade é que o objeto da transação não é a nulidade do contrato em si, mas o estabelecimento da relação entre as partes (vale dizer, a fixação de efeitos) e, pois, fundamentalmente, posições jurídicas privadas. Contudo, caberia perguntar se ao ordenamento não repugnem transações sobre as causas de nulidade de um contrato. Talvez não, porque não se há de excluir, desde logo, a possibilidade de que o erro, a respeito da ocorrência ou não de nulidade, seja justamente daquele que a sustenta. Contudo, fácil é perceber-se que a causa de nulidade eventualmente presente no negócio originário pode facilmente se projetar à transação. Com efeito, se se "reconhece válido" um negócio com causa ou objeto ilícitos, também a transação, ao concorrer à realização deste negócio, apresentará os mesmos "vícios" (*rectius*, os mesmos elementos controversos, pois sobre sua qualificação as partes não podem decidir terminantemente). Idem se se tratava de vício de forma, ou da falta de alguma solenidade, e estas não foram sanadas pela reprodução do negócio. Donde a questão: modificar-se o que se apontou como causa de nulidade (ou de ineficácia), ou não o modificar? Não se trata, aqui, de um simples problema de assunção de riscos; mas, talvez, de uma objetiva impossibilidade da transação realizar sua função típica, que é a superação do litígio, à medida em que o elemento, que gerou o litígio originário, seja reproduzido na transação (afinal, segundo nos parece, a transação, ao contrário da sentença, não pode estabelecer, em definitivo, que o contrato não era, a causa deste elemento, nulo, nem pode criar um "dever de não considerar determinado elemento causa de nulidade"; pode apenas fixar, estabelecer efeitos jurídicos). Destarte, para se cogitar de uma controvérsia sobre a validade ou eficácia de um contrato encerrada mediante transação, se haveria de recorrer ou à "transação novativa", ou à extinção da relação anterior, contra o estabelecimento de outra, de diversa natureza (concessões recíprocas) ou, se tanto, conceber-se uma transação em que se "reconhecesse válido o contrato original", *e* se reproduzissem seus dispositivos na transação, *modificando*, contudo, o elemento (supostamente) causador da nulidade, ou inserindo o elemento que, supostamente, faltava. Isto permitiria fazer da transação, em princípio, um instrumento hábil para estabelecer, *ex novo*, a relação. À evidência, nem sempre haverá esta possibilidade. Importante ressaltar que a modificação deste elemento não precisa configurar-se como um "reconhecimento" (implícito) de que o contrato era inválido, mas sim como a supressão de um elemento controverso, elemento este cuja verdadeira qualificação e cujos efeitos, à evi-

O art. 849, § único, do Código Civil estabelece (à semelhança do art. 1.969 do Código Civil italiano) que "A transação não se anula por erro de direito a respeito das questões que foram objeto de controvérsia entre as partes"[68]. Mario Segni, partindo da consideração que "A controvérsia tem por objeto a definição de uma relação jurídica, ou de uma situação de fato, ou de ambas as coisas"[69], sustenta que "por *caput controversum* [da transação] se dava entender a definição da relação jurídica ou da situação de fato sobre que se contende, não os singulares argumentos ou fatos deduzidos pelas partes a sustento das respectivas teses"[70]. O art. 1.969 ganha, assim, uma interpretação mais extensa (que o autor considera em harmonia com a função do instituto, que é a de prover ao "encerramento definitivo da lide prescindindo da reconstrução da realidade incerta"[71]), sendo que "a irrelevância do erro se explica com o caráter [da transação] de encerramento *definitivo* da lide e da preclusão [da

dência, não o podem determinar as partes, donde se poder figurar esta supressão, apenas, como uma mera modificação contratual (quando possível) e, pois, compatibilizá-la ao dado do reconhecimento. Haverá outras hipóteses, contudo, em que a controvérsia sobre uma determinada relação contratual não suscitará quaisquer dificuldades ao esquema apresentado por Segni, e cujas conseqüências buscamos analisar; considere-se, com efeito, a controvérsia sobre se uma determinada relação foi, ou não, resolvida pela cláusula resolutiva expressa, que nela se continha (art. 474, 1ª parte, do Código Civil). Nestes casos, à evidência, não será necessário cogitar da modificação de qualquer elemento do contrato.

68 A redação dos dois artigos, aliás, é quase idêntica. Dispõe o art. 1.969 do código civil italiano que "A transação não pode ser anulada por erro de direito relativo às questões que foram objeto de controvérsia entre as partes" ("La transazione non può essere annullata per errore di diritto relativo alle questioni che sono state oggetto di controversia tra le parti").

69 Mario Segni, Natura della transazione e disciplina dell' errore e della risoluzione, *in Rivista di diritto civile,* ano XXVIII, parte prima, Padova, CEDAM, 1982, p. 282. No original: "La controversia ha ad oggetto la definizione di un rapporto giuridico, o di una situazione di fatto, o di ambedue le cose".
Quer-nos parecer, contudo, que não se define a "situação de fato" como tal. O que se dá é que, a partir de um fato cuja existência ou composição seja controversa, busquem as partes fixar, em determinado modo, suas relações jurídicas (efeitos, portanto).

70 Mario Segni, Natura della transazione e disciplina dell' errore e della risoluzione, *in Rivista di diritto civile,* ano XXVIII, parte prima, Padova, CEDAM, 1982, p. 282. No original: "Io ritengo che per *caput controversum* debba intendersi la definizione del rapporto giuridico o della situazione di fatto su cui si contende, non i singoli argomenti o fatti addotti dalle parti a sostegno delle rispettive tesi".

71 Mario Segni, Natura della transazione e disciplina dell' errore e della risoluzione, *in Rivista di diritto civile,* ano XXVIII, parte prima, Padova, CEDAM, 1982, p.282. Observa o autor

alegação por erro] em relação a tudo aquilo que poderia influir sobre a definição da controvérsia"[72]. Nestes termos, a preclusão atingiria não só o erro de direito, mas também os erros de fato, e, caberia notar, o desconhecimento de outras causas de invalidade seria, em princípio, completamente irrelevante.

Posta nestes termos, a construção de Segni leva, aparentemente, a uma *redefinição* da causa da transação. Considera o autor não a controvérsia em si, concretamente desenvolvida entre as partes, mas as *implicações* de semelhante controvérsia sobre a situação destas mesmas partes, situação esta cuja *fixação* (inclusive com eficácia potencialmente inovativa, permitindo-se, eventualmente, a constituição *ex novo* da relação) será o objeto do contrato. Antes que definir, como faz Segni, o escopo da transação como o "encerramento definitivo da lide prescindindo da reconstrução da realidade incerta", tratar-se-ia, em verdade, não de superar a lide concretamente desenvolvida, mas de fixar, *em definitivo*, a situação jurídica das partes que fora objeto de controvérsia (ou, mais amplamente, que fora atingida pela controvérsia). Haveria, assim, aparentemente ao menos, um ajuste fino entre a causa e o objeto da transação.

É de se notar contudo, neste ponto, que os ordenamentos podem encontrar distintas soluções seja para a tutela da vontade dos figurantes, seja, ao menos em certos limites, para a caracterização da transação. Destarte, podem os ordenamentos ou relevar o fato, objetivo, de que "a anterior situação jurídica das partes era objeto de controvérsia" e, pois, excluir a anulabilidade da transação em qualquer hipótese de erro das partes a respeito da situação anterior (não apenas sobre as questões deduzidas em controvérsia, ou conexas a estas), ou, ao contrário, podem relevar a controvérsia concretamente desenvolvida entre as partes, excluindo, pois, a anulabilidade por erro apenas das questões deduzidas em controvérsia. À evidência, inúmeras soluções intermediárias se poderiam desenhar, *v.g.*, pela adoção de qualquer destes sistemas e pela fixação de determinadas regras de exceção.

que "Lo scopo della transazione è la chiusura definitiva della lite prescindendo dalla ricostruzione della realtà incerta".

[72] Mario SEGNI, Natura della transazione e disciplina dell' errore e della risoluzione, *in Rivista di diritto civile*, ano XXVIII, parte prima, Padova, CEDAM, 1982, p. 283. No original: "la irrilevanza dell' errore si spiega con il carattere di chiusura *definitiva* della lite e della preclusione verso tutto ciò che poteva influire sulla definizione della controversia".

O indício da solução, parece-nos, é encontrado no citado art. 849, § único, do Código Civil. Com efeito, quer-nos parecer que o dispositivo, ao aludir não a um suposto "objeto da controvérsia", mas a "*questões* que foram objeto de controvérsia entre as partes", haveria considerado, em linha de princípio, a controvérsia tal como ocorrida entre as partes, particularizada, pois, por determinado ou determinados fatos constituintes discutidos pelos figurantes (e por determinadas posições jurídicas, por estes deduzidas). De notar-se que, na controvérsia concretamente desenvolvida entre as partes, a questão da existência ou inexistência da relação não constitui questão distinta, ou ulterior; ao contrário, a relação será considerada existente, ou inexistente, à medida em que, respectivamente, se considere que determinado fato, invocado por uma das partes, não configure, ou, ao contrário, configure, causa de nulidade do contrato. Note-se que o artigo relevou as *questões* objeto de controvérsia, apesar de das partes não decidirem, como tal, qualquer questão (nem mesmo a de estabelecer se o contrato era, ou não, eficaz); apenas, fixarem (*estabelecerem*) efeitos. Destarte, parecem-nos mais adequadas à interpretação do artigo as observações de Santoro-Passarelli, para quem "Ainda a transação novativa, que substitui por inteiro a situação precedente (...), não cobre todas as possíveis questões relativas ao título mesmo, mas aquela ou aquelas *concretamente* surgidas entre as partes"[73], observando, pouco adiante, que "A noção aqui sustentada do *caput controversum* e do *caput non controversum* corresponde estreitamente à letra do art. 1.969, o qual se refere às *questões* que foram objeto de controvérsia entre as partes"[74].

Destarte, pois, estas questões não concretamente deduzidas, enquanto constituam, para seguir-se no exemplo, *outras* causas de nulidade, não estariam alcançadas pelo art. art. 849, § único, do Código

[73] Francesco Santoro-Passarelli, *La transazione*, 2.ed., Napoli, Jovene, 1986, p. 157. No original: "Anche la transazione novativa, che sostituisce per intero la situazione precedente (...), non copre tutte le possibili questioni relative al titolo stesso, ma quella o quelle *concretamente* insorte tra le parti". O autor tem uma concepção diversa a respeito da eficácia da transação, considerando "novativa" toda a transação que invista a fonte mesma de uma relação jurídica. Esta concepção será analisada *infra*, Capítulo 3, item 1.1.

[74] Francesco Santoro-Passarelli, *La transazione cit.*, p. 157. No original: "La nozione qui sostenuta del *caput controversum* e del *caput non controversum* corrisponde strettamente alla lettera dell' art. 1.969, il quale testualmente si riferisce alle *questioni* che sono state oggetto di controversia fra le parti".

Civil. Nesta medida, pois, a reconstrução que Segni faz da transação não parece harmonizar-se, *prima facie*, à disciplina positiva da figura.

Antes de se prosseguir, contudo, é necessário avançar na análise do exemplo. Há, sem dúvida, uma falsa representação dos figurantes, ou de algum deles; imagina-se haver, se tanto, uma (possível), causa de nulidade, mas há outra, ou outras mais. Concretamente, as partes estabelecem a transação para a superação daquela determinada controvérsia (não, de todos os possíveis vícios do contrato originário), com o que a causa da figura se definiria, *prima facie*, como a fixação da situação jurídica das partes para superação daquela controvérsia. Caberia indagar se a falsa representação de que foram vítimas as partes, ou de que foi vítima uma delas, atinge a causa mesma da transação, ou apenas subjaz ao negócio (se tanto, integrando a "base subjetiva" do negócio jurídico, na hipótese da falsa representação ser comum às partes). Quer-nos parecer que se trata da segunda hipótese. Com efeito, à medida que as partes representam aquele determinado fato, sobre que controvertem, como única (possível) causa de nulidade (ou, mais amplamente, como único possível defeito do negócio), a transação será, simplesmente, *representada* como superando, apenas, um, e aquele (possível) defeito, não já qualquer outro. Tratar-se-ia de uma representação sobre a eficácia da transação, não do estabelecimento de um *fim* específico. Destarte, no caso concreto, o que haveria ocorrido é que a transação atingira sua causa (a superação da controvérsia concretamente havida entre as partes); apenas, fora além dela, superando outros defeitos de que as partes sequer cogitaram. Donde, pois, no exemplo em tela, se haver de perquirir duas possíveis alternativas de tutela dos figurantes: o erro e a "base do negócio jurídico".

Quanto ao erro, caberia notar, desde logo, serem muito restritos os casos de erro invalidante na transação. Dispõe, com efeito, o art. 849, *caput*, 2ª parte, do Código Civil (art. 1.030, 2ª parte, do Código Civil de 1916) que a transação só se anula por "erro essencial quanto à pessoa ou coisa controversa". Precisa Pontes de Miranda que, por "coisa controversa" se há de entender "a coisa, que é objeto da relação jurídica, a respeito da qual se transige"[75]. Estaria, pois, excluída a relevância do erro, neste caso.

[75] Pontes de Miranda, *Tratado de direito privado*, t. XXV [1. ed.] Rio de Janeiro, Borsoi, 1959, p. 156.

Quanto à base do negócio jurídico, Pontes de Miranda é expresso em reconhecer, inserta no direito brasileiro, regra semelhante à fixada no § 779 do BGB relativamente à base da transação, sustentando que esta não precisaria, sequer, estar escrita[76]. A questão, contudo, talvez não se resolva em termos tão simples.

Desde logo, caberia notar que muitas espécies apontadas como de falta de base do negócio (como, *v.g.*, a controvérsia sobre a moeda de pagamento de uma dívida, sendo porém inexistente, nulo, ou ineficaz, o contrato de que ela se origina[77]) consistem, fundamentalmente, na discussão de determinado ponto, ou determinados pontos de uma relação em verdade inexistente (*v.g.*, porque o ato não determinava o dever de indenização, ou não houve fato nenhum, e as partes pensaram que houvesse, ou porque o negócio era inexistente, nulo, ou ineficaz), hipóteses em que, em verdade, se há de ressaltar antes a falta do *negócio-base* (ou, mais corretamente, da relação-base), em que se deveria inserir o preceito fixado pela transação, que a falta de "base do negócio" (base da transação), tanto mais da "base subjetiva".

Isto não significa que a base do negócio não possa ter sua relevância, mas denota, todavia, que o conceito fora superdimensionado, e que possivelmente não se aplique, à base do negócio, o mesmo fundamento vislumbrado para a possível ineficácia da transação nestes casos referidos. Nestes, como dito, a transação simplesmente não pode determinar qualquer eficácia, pois não há a relação concreta em que se devia inserir o preceito fixado pelo negócio (donde se haver de concluir, quando menos, pela ineficácia da transação, quiçá, a teor dos casos concretos, pela sua nulidade, *v.g.* por falta de objeto). Se se quer vislumbrar "regra não escrita", é possível demonstrá-la, parece-nos, apenas relativamente a estes casos.

[76] Cf. Pontes de Miranda, *Tratado de direito privado*, t. XXV [1. ed.] Rio de Janeiro, Borsoi, 1959, p. 148. Observa o autor, com efeito, que "A regra jurídica sôbre a ineficácia do contrato de transação, se os transigentes erraram quanto ao que não foi contravertido e se supôs firme, não precisa estar escrita, porque não concerne ao suporte fático da transação".

[77] Cf. Pontes de Miranda, *Tratado de direito privado*, t. XXV *cit.*, p. 143. O autor alude à *decretação* da nulidade, ou à declaração da inexistência, ou da ineficácia, do contrato, mas claro está, parece-nos, que o relevante não é a decretação ou a declaração mesma. A decretação apenas põe clara a ineficácia do negócio e, pois, da transação, cujo preceito se inseriria naquela relação mais ampla.

Com isto, restaria em aberto o problema da fixação dos fundamentos da base do negócio. Esta possivelmente encontraria seu fundamento último na tutela da boa-fé. Tratar- se-ia de sustentar *v.g.*, para os casos em que determinado negócio se concluiu a partir de uma representação errônea comum (relevante, claro, para a conclusão deste mesmo negócio), a ineficácia, como maneira de se tutelar, igualmente, ambos os figurantes. Contudo, se haveria de provar que o ordenamento possui semelhante regra, ou que a tanto chega a tutela da boa-fé, sem se poder aceitar, *a priori*, semelhante conclusão.

Aparentemente, pois, não há meios, no ordenamento, para a tutela dos figurantes na hipótese presente, o que pode levar, parece-nos, a um questionamento sobre a própria causa da transação. Com efeito, para seguir-se no exemplo, se havia *outras causas* de nulidade, mas o erro não é invalidante, nem há outro modo de tutela dos figurantes, que sentido há em proclamar-se que a transação surgiu para a composição daquela controvérsia específica? É possível, nesta medida, que a causa concreta do negócio sofra uma reconfiguração (possivelmente, em termos análogos aos que nos pareceram resultar das concepções de Mario Segni), consistindo na fixação, em termos definitivos, da situação jurídica das partes que fora objeto de controvérsia, ou, mais amplamente, que fora atingida pela controvérsia.

Uma questão ainda restaria a ser examinada. *Quid inde*, se, mais que a base do negócio, era a própria causa (causa concreta, definida pelas partes) que não se poderia alcançar, e a transação é, não obstante, apta a constituir, *ex novo*, determinada relação jurídica? Caberia, neste momento, analisar um exemplo fornecido por Mario Segni[78]. Imagine-se que as partes controvertiam sobre se determinada relação fora, ou não, resolvida (pode-se cogitar aqui, para aproximar a hipótese do direito brasileiro, que se tratava de cláusula resolutiva expressa — art. 474, 1ª parte, do Código Civil). A relação pode ter sido resolvida, e pode não o ter sido; seja como for, a transação deverá estar apta a constituir, *ex novo*, a relação jurídica entre as partes (para tanto, deverá, em princípio, reproduzir integralmente, ou com as modificações que as partes entenderem por bem introduzir, as disposições da relação originária). Dá-se, porém, que

[78] Exemplo de que o jurista se valeu, contudo, para a análise do erro na transação, não, como ora se pretende, para a análise da causa.

a relação, em verdade, não existia, porque nulo o contrato originário (imaginemos, para viabilizar o exemplo, que o negócio original padecia de certo vício de forma, de que não padece a transação)[79].

Segni vislumbra, neste caso, erro sobre o objeto do contrato[80], tese que, embora digna de análise, não releva em princípio para o direito

[79] Pode-se cogitar, ainda, de outros exemplos de interesse para a análise da causa. Imagine-se, v.g., que se controverte sobre se determinado fato dá ensejo ao surgimento de um dever de indenização, ou ao dever de pagamento do seguro. Se a transação se conclui pelo reconhecimento de dívida, é de se observar, desde logo, que o negócio deve ser apto a constituir, *ex novo*, semelhante dívida, que, neste caso, não se reconduzirá ao fato originário ou ao contrato de seguro (embora, isto, não o possam determinar as partes). *Quid inde*, porém, se, sendo esta a eficácia da transação, o fato em verdade não ocorreu, ou era nulo, ou ineficaz, o contrato de seguro? Ora, parece que, em semelhantes casos, mais que uma falha da base subjetiva, haverá também uma falha da causa, que se reportava à solução da controvérsia sobre a eficácia do fato ou do contrato de seguro.

[80] Cf. Mario Segni, Natura della transazione e disciplina dell' errore e della risoluzione, *in Rivista di diritto civile*, ano XXVIII, parte prima, Padova, CEDAM, 1982, p. 285. Para o autor,

> "Em uma transação que encerre uma pendência sobre a resolubilidade por inadimplemento de um contrato, por exemplo, a ignorância de uma causa de invalidade deste ato impede ao sujeito de avaliar que o efeito da transação é aquele de substituir [com] uma relação nova não a uma de que é incerta a possível dissolução, mas [a uma] de que é segura a invalidade originária. Não se trata aqui de um erro sobre a oportunidade do instrumento negocial em relação aos próprios interesses, mas de [um] erro sobre a exata identificação da operação jurídica atuada com o negócio. A falsa representação concerne, portanto, o conteúdo das inovações aportadas com o ato de exercício de autonomia privada. Trata-se, portanto, de erro essencial, não de erro sobre os motivos. E, me parece, de hipótese que pode ser reconduzida ao erro sobre o objeto do contrato (...)".
>
> ("In una transazione che chiuda una vertenza sulla risolubilità per inadempimento di un contratto, ad esempio, l' ignoranza di una causa di invalidità di un tale atto impedisce al soggetto di valutare che l' effetto della transazione è quello di sostituire un rapporto nuovo non ad uno di cui è incerto il possibile scioglimento, ma di cui è sicura l' invalidità originaria. Non si tratta quindi di errore sulla opportunità dello strumento negoziale in rapporto ai propri interessi, ma di errore sull' esatta identificazione dell' operazione giuridica attuata con il negozio. La falsa rappresentazione riguarda quindi il contenuto delle innovazioni apportate con l' atto di esercizio di autonomia privata. Si tratta perciò di errore essenziale, non di errore sui motivi. E, mi pare, di ipotesi che può essere ricondotta all' errore sull' oggetto del contratto (...)").

Quaisquer que sejam, contudo, os limites do erro sobre o objeto da declaração (e, portanto, do que se há de entender por objeto da declaração), cabe notar que as considerações desenvolvidas por Segni talvez exijam alguma reformulação, ou *especificação*, da idéia inicial adotada pelo autor a respeito do *caput controversum* da transação, que ele afirmara, num primeiro

brasileiro, em que o erro, salvo se "erro essencial sobre a pessoa ou coisa controversa", é irrelevante na transação. Os argumentos sobre a base também podem ser aqui reproduzidos, restando, ao que nos parece, aberta a questão sobre a tutela dos figurantes a partir da base do negócio, e sobre os limites desta tutela. Contudo, neste caso, a representação da relação jurídica, por ambas as partes, como existente (sendo incerto, apenas, se continua de existir), mais que inserir-se na base subjetiva do negócio, *especifica* a própria controvérsia. Esta, com efeito, consiste numa controvérsia sobre a *terminação* de determinada relação jurídica, sendo pois a transação feita com o escopo de superar-se controvérsia sobre a terminação da relação jurídica[81].

Em relação a este caso, caberia, pois, investigar a hipótese de uma tutela do negócio fundada em sua causa. A falha da causa radicaria em que a transação é celebrada com a *finalidade* de extinguir uma controvérsia sobre a terminação de certa relação jurídica, controvérsia esta que em verdade não poderia surgir, uma vez que *não há* relação que possa haver terminado. Uma primeira possibilidade, que desejaríamos, quando menos, apresentar, implica considerar-se não apenas a causa como tal mas, sim, a referência que a esta se contém no negócio jurídico. Perguntaríamos se não é possível considerar se uma tal referência, inserta no negócio, em verdade não é manifestação *inexa* às declarações negociais dos figurantes (i.e.: aceita-se a eventual constituição de nova relação jurídica, mas apenas em substituição à anterior, caso esta haja terminado), donde a falha do pressuposto (inexo na declaração negocial) haveria de conduzir, analogamente ao que se dá com a condição, à ineficácia do negócio (quer--se, *mas para determinado fim*, que não se pode compor daquela maneira). Trata-se apenas de uma hipótese, cuja admissibilidade e limites restariam, ainda, a ser definidos, mas que, ao menos, desejamos consignar[82].

momento, consistir, *tout court*, na *definição da relação jurídica* (ou, segundo o autor, também da situação de fato) *sobre a qual se contende* — é de se notar que a controvérsia em tela atingia a própria relação jurídica, quando menos, em relação à sua persistência. Esta redefinição, contudo, pode implicar na quebra daquela relação estreita que a teoria a de Segni *parecia* instaurar, entre o *caput controversum*, causa e objeto da transação.

[81] Controvérsia esta que, *in concreto*, se especifica, a partir de determinado fato, ou determinados fatos, alegados como causa de resolução da relação jurídica.

[82] As primeiras questões que surgiriam, evidentemente, são aquelas concernentes à admissibilidade do modelo, i.e., de seus fundamentos e de seu mecanismo (admissão da inexação

Caberia, por fim, notar que o art. 421 do Código Civil ("A liberdade de contratar será exercida em razão e nos limites da função social do contrato") parece prestar-se antes a uma função de controle (atinente à liberdade de contratar e seu exercício) que à tutela dos figurantes à vista de um possível "descompasso" entre a causa concretamente perseguida e o regramento posto com a transação.

2. Causa e disciplina da transação

Encerrando este capítulo, cabe analisar as relações entre a causa da transação e determinadas regras características da figura.

2.1. Erro quanto ao *caput controversum* da transação.

A finalidade de prevenção ou término do litígio exclui que se anule o negócio por erro sobre o *caput controversum*. O Código de 1916 reduzira

das manifestações de vontade ao fim fixado no negócio, e conseqüente ineficácia quando não é possível alcançar-se aquele fim). Quanto ao campo de aplicação, seria este constituído, ao menos em primeira análise, por transações em princípio aptas a constituir, *ex novo*, a relação, mas *jungidas* a determinados fins (referidos na transação) que, simplesmente, não se poderiam alcançar, tal como foram figurados pelas partes (no exemplo, o fim de *fazer persistir* uma relação que, em verdade, nunca existiu). Estes, em princípio, segundo nos parece, os limites para o desenvolvimento de uma tutela dos figurantes fundada na causa.
Com relação ao exemplo anterior, da transação que extingue a controvérsia sobre uma determinada causa de nulidade, havendo, contudo, outra causa, desconhecida pelas partes (ou, ao menos, por uma delas), quer-nos parecer que a transação haveria, em princípio, realizado sua causa, que era a de, superando determinada controvérsia, fixar a relação jurídica entre as partes. O negócio haveria, portanto, atingido seu fim; apenas, foi *mais além* do que previram as partes, superando alguma outra causa de nulidade, cujo conhecimento teria sido relevante para a conclusão do negócio. Tratar-se-ia, pois, *prima facie*, de negócio eficaz. A conclusão seria distinta, contudo, se se entende que a transação surgiu para superar, *apenas*, aquele possível óbice, fulcro da controvérsia entre as partes, e nenhum outro, então este fim não seria, nestes termos, alcançável. Quer-nos parecer, contudo, que a causa da transação não sofre, em princípio, semelhante especificação. De notar-se, a este respeito, que, à medida que as partes consideram aquele determinado fato, sobre que controvertem, como única (possível) causa de nulidade (ou, mais amplamente, como único possível defeito do negócio), a transação será, apenas, *representada* como superando, apenas, um, e aquele (possível) defeito, não já, qualquer outro. Tratar-se-ia de uma representação sobre a eficácia da transação, não do estabelecimento de um *fim* específico, que, se tanto, poderia integrar a base — não, em princípio, a causa — do negócio jurídico. Por outro lado, se a parte tem alguma suspeita e, mesmo assim, conclui a transação, assume o risco.

os casos de anulação por erro às hipóteses de erro essencial quanto à pessoa ou coisa controversa, orientação mantida pelo Código Civil de 2002 (cf. art. 849, *caput*; art. 1.030, 2ª parte, do Código Civil de 1916). Precisa a doutrina, ademais, que esta regra de anulação por erro de modo algum seria aplicável quando a identidade da pessoa ou objeto, ou a qualidade essencial relevante fosse o objeto mesmo da controvérsia, tratando, pois, de coordenar a regra expressa à regra, revelada, da irrelevância do erro sobre o *caput controversum*.

Exclui-se a anulabilidade por erro concernente à matéria do litígio porque "Sôbre o *caput controversum*, dúvida houve, por definição; e um dos transatores necessàriamente errou. Não há invalidade por êrro quanto ao *caput controversum*: sôbre o ponto em que houve controvérsia, êrro de alguém houve. Se, na extensão do *caput controversum*, o transator errou, essencialmente, quanto à pessoa ou à coisa, pode dar-se desconstituição, salvo se exatamente a identidade da pessoa ou da coisa, ou a qualidade essencial de que se trata, foi objeto da controvérsia"[83].

Já se nota, pois, uma ligação entre a disciplina positiva da figura e sua função, ao menos no que tange à exclusão da anulação por erro sobre o *caput controversum*; com efeito, se o negócio surge para extinguir uma controvérsia (controvérsia que supõe, necessariamente, o erro de ao menos um dos figurantes), não seria admissível a anulação do negócio por erro sobre o *caput controversum*, pois tal seria, no limite, negar-se a função mesma do negócio. De notar-se contudo que, em direito positivo brasileiro, a regra da irrelevância do erro adquire maior extensão, pelos termos estritos do art. 849, *caput*. Cabe notar, aliás, que a regra do *caput*, tornando irrelevante todo erro que não o "erro essencial sobre a pessoa ou coisa controversa", já serviria, em princípio, a excluir a relevância do erro de direito ao menos enquanto este se configure, apenas, como erro sobre os motivos (cf. art. 139, III, do Código Civil de 2002). Nesta medida, pois, a regra do art. 849, § único, teria apenas função expletiva.

Necessário, agora, examinar, a partir da noção de causa na transação (e tendo presente que a transação se compõe para extinguir, ou reduzir o âmbito, de uma determinada controvérsia), as regras do art. 850 do novo Código Civil (art. 1.036 do Código Civil de 1916), para se verificar

[83] Cf. Pontes de Miranda, *Tratado de direito privado*, t. XXV [1. ed.] Rio de Janeiro, Borsoi, 1959, p. 119. Cf., ainda, p. 156.

em que medida a função do negócio é, por estas mesmas regras, tutelada, e, também, em que medida cabe reconduzir estas regras à causa da transação.

2.2. Transação e sentença passada em julgado.

O art. 850, 1ª parte (art. 1.036, 1ª parte, do Código Civil de 1916), faz nula a transação "a respeito do litígio decidido por sentença passada em julgado, se dela não tinha ciência algum dos transatores". A hipótese é comumente referida como exemplo de falta de causa: a sentença, transitada em julgado, haveria extinto a controvérsia, de sorte que a referência que se faz a esta, na transação, seria oca, vazia de conteúdo. O défice levaria então à nulidade ou, como prefere Pontes de Miranda, à ineficácia, pela falta da base do negócio[84]. Parece-nos, contudo, que a questão não se reduz a um erro sobre a base do negócio mas, sim, consiste na falta de um pressuposto da transação, falta, esta, que atinge o próprio fim (ou função) a que se dirigia o negócio (a controvérsia, que ele visava extinguir, já havia sido extinta), podendo atingir, por esta via, o próprio negócio, que se define pela *referência* feita, nele, a esta causa.

Contudo, para logo seria de notar que a sentença passada em julgado nem sempre significa a terminação (ou a terminação definitiva) do litígio. Com efeito, a sentença pode ser rescindível, donde se haver de perguntar se a regra do art. 850, 1ª parte, encontra seu fundamento na causa da transação ou se, ao contrário, caberia relevar o *desconhecimento* de algum dos figurantes, e reconduzir a questão ao problema da "formação da vontade", relevando, por exemplo, que "Se só uma das pessoas, que figuram na transação, ignorava a sentença, essa, pelo menos, fôra induzida à transação pela incerteza subjetiva, em cuja composição balanceante não entrara dado fático tão importante, como a coisa julgada"[85]. Seria possível, contudo, considerar-se que, mesmo com a possibilidade de rescisão da sentença, a controvérsia já não se poderia *mais* compor

[84] Pontes de Miranda, *Tratado de direito privado*, t. XXV [1. ed.] Rio de Janeiro, Borsoi, 1959, p. 126.

[85] Pontes de Miranda, *Tratado de direito privado*, t. XXV [1. ed.] Rio de Janeiro, Borsoi, 1959, p. 127-128. É de se notar, contudo, que o autor termina por referir a hipótese como de erro sobre a base do negócio jurídico (cf. *Tratado de direito privado*, t. XXV *cit.*, p. 151, *verbis*: "êrro na base firme, com sentença trânsita em julgado").

nos termos em que a desenhavam as partes: poderia surgir, sim, uma controvérsia complexa, sobre a rescindibilidade da sentença *e* sobre a solução da controvérsia que então se reabriria com a rescisão (se rescindida a sentença); destarte, a regra poderia ser, em princípio, reconduzida à causa da transação, encontrando nesta o seu fundamento.

Seria necessário, contudo, explicitar, ainda, o porque de haver o artigo referido a hipótese (que parece desenhar-se como hipótese *objetiva*, consistente na impossibilidade de composição do conflito como o vislumbravam as partes) ao *desconhecimento*, por um dos figurantes, da existência de coisa julgada. O que se passa, em verdade, é que se ambos conhecem a coisa julgada, ou conformam-se a seus termos, ou, acatando-a, decidem todavia disciplinar diversamente suas relações (e o negócio, neste caso, não configura uma transação), ou surge a controvérsia sobre a rescindibilidade da coisa julgada, e então é possível conceber-se uma transação, tanto quanto o permitam as normas gerais aplicáveis à matéria. A hipótese do art. 850, pois, se pode verificar, apenas, se um dos figurantes não conhece a coisa julgada, ou se, *a fortiori*, ambos não a conhecem, hipótese em que, à evidência, também incidirá o artigo.

2.3. Figurantes sem direito ao objeto da transação. Transação e evicção.

O art. 850, 2ª parte (art. 1.036, 2ª parte, do Código Civil de 1916), diz ser nula a transação quando, por documento ulteriormente descoberto, se verificar que nenhum dos transatores tinha direito ao objeto da transação.

Na hipótese em tela, há conflito, socialmente reconhecível, a que se fez referência no negócio jurídico, e em função do qual outorgaram-se as partes recíprocas concessões. O conflito, todavia, é inane, vazio de conteúdo, afetando com isto a transação. Nesta medida, pois, poderia delinear-se, mais que uma falha da causa da transação, a inanidade das disposições contidas no negócio, i.e., de seu conteúdo. Como observa Beviláqua, "O título ulteriormente descoberto (...) demonstra que a transacção não tinha objeto, que as partes transigiram sobre direito alheio"[86].

[86] Clovis Bevilaqua, *Codigo Civil dos Estados Unidos do Brasil commentado*, v. IV, Rio de Janeiro, Francisco Alves, 1917, p. 192.

Caberia, contudo, indagar: e a referência, no preceito, a título "ulteriormente descoberto"? Não estaria a indicar que se cuida antes da ignorância subjetiva dos figurantes (e de ambos os figurantes) que da causa do negócio, ou do conteúdo deste? Necessário observar contudo que, se fosse o título conhecido de ambos os figurantes, uma semelhante "transação" seria inconcebível. Poderia, contudo, ser conhecido a um, e não ao outro, e celebrar-se uma transação, em hipótese provavelmente caracterizada por dolo do primeiro figurante. Ora, cabe notar que, independentemente de o título ser conhecido por um dos transatores, ou ser desconhecido por ambas as partes, o negócio é igualmente *inane* e, pois, deveria reger a mesma regra para a mesma hipótese. Esta, parece-nos, a solução de melhor sistemática, sendo de se notar, contudo, que esta solução implicaria numa possível redução do alcance da regra do art. 845 (art. 1.032 do Código Civil de 1916), no que esta cria uma indenização pelo fato da coisa renunciada por um dos transatores sofrer evicção.

3. Natureza contratual da transação

Para determinados autores, a transação se caracteriza, sempre, como um contrato, afirmativa que se examinará detidamente no capítulo seguinte. Pode-se adiantar, contudo, que não parece ser a natureza contratual "elemento" essencial à transação.

CAPÍTULO 2
NATUREZA JURÍDICA E ESTRUTURA DA TRANSAÇÃO

Introdução

Examinados os elementos característicos da transação, cabe ora analisar sua natureza jurídica e estrutura, completando, pois, a análise do suporte fático da figura.

Fundamentalmente, as diversas investigações destinadas a precisar a natureza jurídica e a estrutura da transação podem ser reconduzidas (apesar da notável variedade de soluções) à categoria mais ampla do negócio jurídico, quer *in concreto* o aceitem, ou o repudiem, como categoria dogmática, os diversos autores que versaram o tema. Com efeito, as soluções mais significativas variam, como se verá adiante, da coligação de negócios jurídicos à concepção da transação como um contrato modificativo, passando ainda pela concepção que vislumbra, na figura, um contrato puramente obrigacional — isto, sem que excluam, ademais, outras configurações, como, *v.g.*, um contrato com cláusulas modificativas e constitutivas de obrigação.

Antes, contudo, do exame destes modelos, a análise se deve iniciar pela inserção da figura no sistema dos códigos civis brasileiros, à medida em que esta inserção permite vislumbrar algumas concepções (ou pré-concepções) relativas à natureza jurídica da transação (notadamente, a de que a figura constitui "ato extintivo de obrigações"), evidenciando o inicial repúdio e o posterior predomínio da concepção legislativa da transação como um contrato. Em seguida, se inicia propriamente o exame dos modelos contratuais e de seu conteúdo, a começar pela crítica ao modelo da transação como um contrato meramente constitutivo de obrigações para, depois, buscar-se um modelo que melhor se adeqüe aos arts. 840-850 do Código Civil. Concomitantemente, e uma vez que o modelo contratual pode não exaurir todas as possibilidades de composição de um litígio, se examinará brevemente, também, a possibilidade de concluir-se a transação como união de negócios jurídicos.

1. A transação como ato extintivo de posições jurídicas

1.1. Inserção da figura nos códigos civis brasileiros.

A transação regula-se no livro de obrigações do Código Civil brasileiro; idem, no Código Civil de 1916. O direito comparado revela ser a figura comumente disciplinada entre os contratos em espécie: assim, dentre outros, os códigos civis francês (arts. 2.044-2.058), alemão (§ 779), italiano de 1865 (arts. 1764-1777) e italiano de 1942 (arts. 1965-1976). É, também, a solução adotada pelo Código Civil brasileiro de 2002 (arts. 840-850).

Não foi esta, contudo, a orientação seguida pelo Código Civil de 1916; neste, a transação é regulada não no Título V do livro de obrigações ("Das Várias Espécies de Contratos"), mas no Título II do mesmo livro ("Dos Efeitos das Obrigações").

1.2. O sistema do Código Civil de 1916 e sua significação.

Bevilaqua, explicitando a orientação que estivera à base da elaboração do Código Civil de 1916, anotou que "Para o Codigo Civil, a transacção não é, propriamente, um contrato. Ainda que a lição da maioria dos Codigos seja em sentido contrário, o certo é que o momento preponderante da transacção é o extinctivo de obrigações"[87], precisando pouco à frente que, para o Código Civil, "a transacção não é mais que um modo de extinguir obrigações"[88]. Foi esta, também, a orientação seguida por M. I. Carvalho de Mendonça, para quem, enquanto o contrato "tem por

[87] Clovis Bevilaqua, *Codigo Civil dos Estados Unidos do Brasil commentado*, v. IV, Rio de Janeiro, Francisco Alves, 1917, p. 180.

[88] Clovis Bevilaqua, *Codigo Civil dos Estados Unidos do Brasil commentado*, v. IV, Rio de Janeiro, Francisco Alves, 1917, p. 187.

fim essencial criar obrigações"[89], a transação tem por fim extinguí-las, sendo pois os fins "diametralmente opostos"[90].

À base da sistematização empreendida pelo Código estariam, portanto, (i) a concepção do contrato como ato criador de obrigações; e (ii) a idéia de que a transação caracteriza-se pela eficácia extintiva "de obrigações" (ou, mais amplamente, de posições jurídicas patrimoniais de caráter privado — cf. art. 841 do Código Civil de 2002 e art. 1.035 do Código Civil de 1916). Cabe contudo verificar a adequação das referidas teses ao direito brasileiro, a começar desta angusta concepção de contrato.

1.3. A concepção do contrato como ato criador de obrigações. Sua crítica: direito comparado e dogmática. O sistema do Código Civil de 1916. Nota sobre o Código Civil de 2002.

É antiga a doutrina do contrato como ato (apenas) criador de obrigações. Para Pothier, o contrato era espécie de "convenção" (*convention*). A *convention* era definida como "o consentimento de duas ou mais pessoas, para formar entre elas determinado vínculo, ou para resolver um precedente, ou para modificá-lo"[91]; e o *contrat*, a seu turno, é definido, especificamente, como "A espécie de *convention* que tem por objeto formar determinado vínculo"[92].

O código civil francês recebeu este conceito, estatuindo, no art. 1.101, que "O contrato é uma convenção pela qual uma ou mais pessoas se obrigam, em face de uma ou algumas outras, a dar, a fazer ou a não

[89] M. I. Carvalho de Mendonça, *Doutrina e prática das obrigações* — ou tratado geral dos direitos de crédito, v. I, 4. ed., Rio de Janeiro, Forense, 1956, p. 648.

[90] M. I. Carvalho de Mendonça, *Doutrina e prática das obrigações* — ou tratado geral dos direitos de crédito, v. I, 4. ed., Rio de Janeiro, Forense, 1956, p. 649. Cf., ainda, Carvalho Santos, *Código Civil brasileiro interpretado* (principalmente no ponto de vista prático), v. XIII, 3. ed., Rio de Janeiro, Freitas Bastos, 1945, p. 351-352, que parece aderir integralmente às observações de M. I. Carvalho de Mendonça.

[91] R. J. Pothier, Traité des obligations, *in Oeuvres* (annotées par M. Bugnet), v. II, Paris, Marchal et Billard, 1861, p. 6. No original: "le consentement de deux ou de plusieurs personnes, pour former entre elles quelque engagement, ou pour en résoudre un précédent, ou pour le modifier".

[92] R. J. Pothier, Traité des obligations, *in Oeuvres* (annotées par M. Bugnet), v. II, Paris, Marchal et Billard, 1861, p.6. No original: "L' espèce de *convention* qui a pour objet de former quelque engagement (...)".

fazer alguma coisa"[93]. Portanto, o contrato *criaria*, sempre, obrigações[94]; a questão do conteúdo destas mesmas obrigações (que pode ser mesmo, *v.g.*, a conclusão de um negócio, como uma remissão de dívida, ou renúncia a que se tenha obrigado o proponente) é questão ulterior.

Neste ponto, contudo, o código francês não foi seguido pelos outros grandes códigos. Já o código italiano de 1865, fortemente tributário do *Code Napoleon*, estatuíra que "O contrato é o acordo de duas ou mais pessoas para constituir, regrar ou dissolver entre elas um vínculo jurídico"[95] (art. 1.098), orientação que seria mantida pelo código italiano de 1942 (art. 1.321: "O contrato é o acordo de duas ou mais partes para constituir, regrar ou extinguir entre eles uma relação jurídica patrimonial"[96]).

O código civil alemão (BGB) não apresenta definições quer do negócio jurídico (regulado pelos §§ 116 a 144), quer do contrato (regulado na Parte Geral pelos §§ 145 a 157 e, no livro de obrigações, pelos §§ 305 a 327). Contudo, não se pode extrair de qualquer dos citados preceitos a redução do contrato a figura cuja eficácia seja apenas, ou fundamentalmente, a constitutiva de posições jurídicas. Ao contrário, no livro de obrigações, são de se invocar o § 305, a teor do qual "Para la constitución de una relación obligatoria por negocio jurídico, así como para la modificación del contenido de una relación obligatoria, es necesario un contrato entre los interesados, en tanto la ley no prescriba otra cosa"[97] e o § 397, pelo qual "La relación obligatoria se extingue si el acreedor, mediante contrato, condona la deuda al deudor. Lo mismo vale si el acreedor reconoce, por contrato con el deudor, que la relación obliga-

[93] No original: "Le contrat est une convention par laquelle une ou plusieurs personnes s' obligent, envers une ou plusieurs autres, à donner, à faire ou à ne pas faire quelque chose".

[94] Cf. Zachariae von Lingenthal, *Manuale di diritto civile francese* (rimaneggiato da Carlo Crome), v. II, Milano, S.E.L., 1907, p. 398-399.

[95] No original: "Il contratto è l' accordo di due o più persone per costituire, regolare o sciogliere tra loro un vincolo giuridico".

[96] No original: "Il contratto è l' accordo di due o più parti per costituire, regolare o estinguere fra loro un rapporto giuridico patrimoniale".
Seria de se criticar, na definição legal, a falta de menção ao efeito translativo. Cf. Francesco Galgano, Il negozio giuridico, ***in*** A. Cicu; F. Messineo, *Trattato di diritto civile e commerciale*, v. III, t. I, Milano, Giuffrè, 1988, p. 35-36.

[97] Carlos Melon Infante, *Código civil aleman* (BGB), Barcelona, Bosch [1994] p. 64.

toria no existe"[98]. O BGB, pois, contratualizou até mesmo a remissão de dívida. Referidos parágrafos expressam, pois, as eficácias constitutiva, modificativa e extintiva do contrato (de direito das obrigações).

Evidencia-se, pois, que as codificações posteriores em geral se afastam, na matéria, do sistema do *Code Napoleon*, afastamento este que, sob o prisma dogmático, se pode explicar pelo fato de que a angusta concepção francesa de contrato, recebida pelos legisladores franceses de Pothier, aparece destituída de base científica. As investigações jurídicas (notadamente pandectistas) em curso no século XIX serviram a precisar a estrutura do contrato, e desta estrutura não resulta qualquer limitação ao tipo de efeito que o contrato pode irradiar.

Com efeito — e sem desejar empreender, aqui, exame exaustivo da figura — o contrato "supone consenso logrado mediante el intercambio de dos declaraciones de voluntad congruentes"[99], consenso este que se pode reportar, igualmente, à constituição, modificação ou extinção de posições jurídicas. Onde, pois, a necessidade de se reduzir a eficácia da figura à criação de obrigações? Destarte, como observa von Tuhr, "El contrato es el instrumento jurídico normal para crear relaciones jurídicas entre varias personas, para extinguir o modificar relaciones existentes y, en particular, para transferirlas"[100].

Estas, as observações fundamentais concernentes ao contrato. Contudo, no que tange ao ordenamento jurídico alemão (e também ao brasileiro, como adiante se verá), a análise não se encerra neste ponto. Com efeito, no sistema jurídico alemão desenvolve-se extraordinariamente a categoria do negócio jurídico (elevado, inclusive, a categoria jurídico-positiva — cf. BGB, §§ 116 a 144), aparecendo, pois, o contrato como uma espécie do negócio jurídico[101]. A rigor, não havendo limitação à eficácia que se pode irradiar do negócio jurídico (i.e., constitutiva,

[98] Carlos Melon Infante, *Código civil aleman* (BGB), Barcelona, Bosch [1994] p. 82.

[99] Andreas von Tuhr, *Tratado de las obligaciones*, v. I, Madrid, Reus, 1934, p. 102.

[100] Cf. Andreas von Tuhr, *Derecho civil* — teoría general del derecho civil alemán, v. II, t. I, Buenos Aires, Depalma, 1947, p. 245; id. *Tratado de las obligaciones*, v. I, Madrid, Reus, 1934, p. 102, que anota ser o contrato "el vehículo normal para la creación, modificación o extinción de relaciones jurídicas".

[101] Cf. Andreas von Tuhr, *Tratado de las obligaciones*, v. I. Madird, Reus, 1934, p. 101, *verbis*: "La dogmática moderna ve en el contrato una modalidad del concepto general del *negocio jurídico*".

modificativa, translativa ou extintiva) e sendo o contrato uma *espécie* do negócio jurídico, qualquer limitação quanto ao tipo de eficácia que o contrato irradia apenas seria de se admitir pela incidência de regra especial, ou por sua natureza particular, o que não se verifica[102].

O Código Civil de 1916 não possui definição expressa de contrato; nem possui qualquer regra semelhante ao citado art. 1.101 do código civil francês. Inexistente tal regra, já não se afiguraria possível estender ao direito pátrio a concepção francesa, mormente quando as investigações jurídicas posteriores parecem ter revelado o que havia de arbitrário em semelhante concepção. Ademais, o Código Civil de 1916, antes que filiar-se ao modelo francês, revela, em matéria de atos jurídicos, profunda influência germânica.

Este código, é certo, não se refere expressamente ao negócio jurídico. Mas, no artigo 81, define o "ato jurídico" nos termos seguintes: "Todo ato lícito, que tenha por fim imediato adquirir, resguardar, transferir, modificar ou extinguir direitos, se denomina ato jurídico".

É complexa a interpretação deste artigo: indubitavelmente, refere-se aos negócios jurídicos. É de se observar, com efeito, que as regras que se lhe seguem, (arts. 82- 158), relativas à capacidade do agente, interpretação, forma e validade foram desenvolvidas, primordialmente, em relação à categoria do negócio jurídico (cifrando, pois, em preceitos legais, verdadeira disciplina geral dos negócios jurídicos). Caberia precisar, porém, se o artigo inclui apenas estes ou, também, os atos jurídicos não-negociais (atos jurídicos *stricto sensu*)[103].

[102] Merece análise a correção lógica do argumento. Se se considera o negócio jurídico como uma "fase de abstração" superior, i.e. um resultado da abstração de características comuns a todos os contratos (e, portanto, características "do contrato") e aos demais negócios (negócios unilaterais, atos conjuntos e outros), teríamos um aparente raciocínio circular. Com efeito, construir-se-ia o geral a partir do particular (ou dos gêneros menos abrangentes), para então deduzir-se, do geral, as características do particular. Mas seria, no ponto, confundir dois planos distintos, o histórico-dogmático (de formulação teórica da categoria, e de uma categoria que perpassou o direito positivo brasileiro) e o jurídico-positivo, com que ora se trabalha.

[103] Seria exagero fazer entrar, nele, também os fatos ou atos-fatos jurídicos, pois as demais regras do título em que se insere (arts. 82-158) não são aplicáveis a estas categorias, salvo, talvez, algumas regras sobre prova (o que aliás, em termos de técnica legislativa, sugeriria a inserção destas regras em título próprio, como ocorre no Código Civil de 2002).

Bevilaqua parecia reduzir o alcance do preceito às "declarações de vontade", embora seja duvidoso que seu sistema permita a distinção precisa entre negócios jurídicos ("declarações de vontade") e atos jurídicos *stricto sensu*[104]. Pontes de Miranda, a seu turno, anota que "O Código Civil, no art. 81, contém definição de ato jurídico"[105] — i.e., do ato jurí-

[104] Para Bevilaqua, os atos humanos relevantes para o direito dividem-se entre aqueles "cujo effeito juridico se prende à vontade do agente" e aqueles "cujo effeito juridico independe da vontade do agente" (*Theoria geral do direito civil*, 2. ed., Rio de Janeiro, Francisco Alves, 1929, p. 271). Os primeiros são os "atos jurídicos" de que se ocupa o art. 81, atos cuja "característica está na combinação harmonica do querer individual com o reconhecimento de sua efficacia por parte do direito positivo" (*Theoria geral do direito civil cit.*, p. 270); os segundos "produzem effeitos juridicos, sem que o agente os tivesse, determinadamente, pretendido obter, ou sendo indifferente que os tivesse visado" (*Theoria geral do direito civil cit.*, p. 270). Com isto, impende notar, a expressão "fim imediato", constante do art. 81, assume um significado *subjetivo*, referindo-se à "vontade" manifestada pelos figurantes. Esta classificação, contudo, merece reparos.
Por um lado, não permite a distinção precisa entre atos e negócios jurídicos, ao menos enquanto o sujeito de direito puder escolher entre praticar ou não determinado ato jurídico *stricto sensu* (*v.g.*, pode notificar determinado devedor para constituí-lo em mora, ou não notificá-lo). Neste caso, se poderia apontar "combinação harmônica" entre a vontade individual e a eficácia jurídica atribuída ao ato, sem que se ressaltasse, contudo, o núcleo da distinção entre negócios jurídicos e atos jurídicos *stricto sensu*. Nestes, não há "poder de escolha de categoria jurídica nem, consequentemente, poder de estruturar a relação jurídica que constitua a eficácia atribuída, pela lei ao fato jurídico correspondente" (Marcos Bernardes de Mello, *Teoria do fato jurídico* — plano da existência, 9. ed., São Paulo, Saraiva, 1999, p. 138-139). Daqui se compreende porque certos atos jurídicos *stricto sensu*, ainda que compostos de manifestação de vontade (cf. Pontes de Miranda, *Tratado de direito privado*, t. II [1. ed.] Rio de Janeiro, Borsoi, 1954, p. 395, *verbis*: "nos atos jurídicos *stricto sensu* há sempre manifestação de vontade (ou comunicação de vontade), ou manifestação de conhecimento (ou comunicação de conhecimento), ou manifestação de sentimento (ou comunicação de sentimento)"), não se confundem com os negócios jurídicos.
Por outro lado, ao ressaltar, apenas, a irrelevância da vontade para a determinação da eficácia, não permite distinguir os atos jurídicos *stricto sensu* (em que, a se considerar as palavras de Pontes de Miranda, haveria sempre *manifestação da consciência humana* — vontade, conhecimento, sentimento — ou comunicação de uma semelhante manifestação) dos puros atos-fatos jurídicos (em que o que releva para o Direito é apenas o evento, em sua pura faticidade).

[105] Pontes de Miranda, *Tratado de direito privado*, t. II [1. ed.] Rio de Janeiro, Borsoi, 1954, p. 446.

dico em sentido lato, compreendendo pois o negócio jurídico e o ato jurídico *stricto sensu*[106].

De toda forma, tem-se um artigo geral dedicado aos negócios jurídicos, de que os contratos, para a dogmática, constituem uma espécie. Em assim sendo, e como observado, apenas a incidência de regra especial, ou a impossibilidade derivada da natureza intrínseca da figura (o que não se verifica), poderiam reduzir a eficácia do contrato à mera constituição de obrigações. Não parece, pois, possível o transplante da tradicional concepção francesa de contrato a um sistema que revela, na matéria, a influência da concepção de negócio jurídico.

Observação semelhante aplica-se ao Código Civil de 2002 que, se não reproduz o preceito do art. 81, adota expressamente a categoria do negócio jurídico, dedicando-lhe todo um título (arts. 104-184). Isto,

[106] A expressão "*fim* imediato" parece dar ao art. 81 certa inflexão subjetiva. Com efeito, o "fim" não poderia referir-se ao ato mesmo, sob pena de aludir, apenas, à dinâmica incidência — juridicização — irradiação de efeitos, que é comum a todos os fatos jurídicos. Há de se referir, pois, ao sujeito de direito, ou ao ato, enquanto manifestação *humana*. Este fim, contudo, não pode se reduzir, apenas, a indicar o "poder" da "vontade" do sujeito de direito na escolha de categoria jurídica e estruturação do negócio (e, pois, da eficácia pretendida), "poder" que se verifica apenas nos negócios jurídicos. A expressão "fim imediato", denotaria, antes, uma genérica "combinação harmônica" entre a eficácia pretendida pelo agente e aquela atribuída (ou reconhecida), pelo ordenamento, ao ato ou negócio jurídico. Destarte, seria possível reconduzir à "definição" do artigo a inteira categoria dos negócios jurídicos e (diversos) atos jurídicos *stricto sensu*.

Esta a interpretação que, pelas razões ora expostas, se deve considerar a mais adequada ao sistema jurídico. Com efeito, deve-se ressaltar que uns e outros, negócios jurídicos e atos jurídicos *stricto sensu*, relevam ao ordenamento jurídico como *atos humanos*, donde estarem sujeitos, *em certa medida*, à mesma sorte de problemas (como, *v.g.*, os relativos à manifestação, ou exteriorização, do ato, à forma requerida, e outros), o que requereria a extensão de algumas regras, constantes dos arts. 82 a 158, *no que se aplicarem*, também aos atos jurídicos *stricto sensu*.

Resta ainda, contudo, a necessidade de se criticar o artigo por sua (algo exagerada) inflexão subjetiva, uma vez que há atos jurídicos (*stricto sensu*) que se podem perfazer independentemente, ou mesmo contra, a "vontade" do sujeito de direito (cf. Marcos Bernardes de Mello, *Teoria do fato jurídico* — plano da existência, 9. ed., São Paulo, Saraiva, 1999, p. 138, que figura o exemplo de alguém que se muda para nova residência, definitiva, mas declara que não será aquela o seu domicílio). Destarte, qualquer consideração voluntarista, que buscasse identificar os efeitos determinados (taxativamente) pela lei ao ato jurídico como ínsitos à vontade do agente poderia resultar (ao menos em certos casos) pouco condizente com a realidade.

sem se descurar (no que tange especificamente aos contratos) que as investigações teóricas dos séculos XIX e XX revelaram, em diversas figuras (que dizemos figuras contratuais), a existência de uma estrutura (e de um regramento) comum, independente do tipo de eficácia irradiada, levando, pois, à superação da estreita concepção francesa de contrato.

Destarte, ainda que seja a transação definida como um ato extintivo "de obrigações" (ou, mais amplamante, de posições jurídicas patrimoniais de caráter privado), tal fato não impediria, *de per si*, sua classificação entre os contratos, pois que esta classificação se há de fazer tendo em vista antes a *estrutura* da figura que sua *eficácia*.

1.4. A concepção da transação como ato de eficácia extintiva. Crítica.

Antes de prosseguirmos, é significativo notar que alguns autores brasileiros, embora atribuindo à transação eficácia fundamentalmente extintiva de "obrigações", qualificaram-na, não obstante, como um contrato. Neste sentido, Espínola, que se refere à transação como "ato jurídico bilateral (contrato)"[107], continuando porém a atribuir à figura eficácia extintiva: "As concessões recíprocas têm por *causa primária* — a finalidade do ato: extinguir obrigações litigiosas ou duvidosas"[108]. Orlando Gomes, igualmente, refuta a tradicional concepção francesa de contrato, mas anota ser a função principal da transação a de extinguir obrigações[109]. A figura é concebida, pois, por estes autores, como contrato de eficácia extintiva.

Cabe, contudo, antes de aprofundar o exame da natureza jurídica da transação, verificar se a referida eficácia extintiva é, de algum modo,

[107] Eduardo Espínola, *Garantia e extinção das obrigações* — obrigações solidárias e indivisíveis, 1. ed., Rio de Janeiro, Freitas Bastos, 1951, p. 243.

[108] Eduardo Espínola, *Garantia e extinção das obrigações* — obrigações solidárias e indivisíveis, 1. ed., Rio de Janeiro, Freitas Bastos, 1951, p. 246. Parece, contudo, que aqui vão baralhadas duas idéias distintas, a da "extinção da controvérsia", e a da "extinção das obrigações" sobre que versava a controvérsia. Esta última é, em verdade, apenas eventual (i.e., não é necessário que a transação, para superar a controvérsia, extinga alguma posição jurídica).

[109] Orlando Gomes, *Contratos*, 17. ed., Rio de Janeiro, Forense, 1997, p. 440, *verbis*: "Se contrato é um negócio jurídico destinado unicamente a criar obrigações, a *transação* se localiza entre as formas de pagamento *lato sensu* [*rectius*, extinção de obrigações], porque sua função principal é extinguí-las, mas essa doutrina restritiva do conceito de contrato, de inspiração francesa, está em decadência".

conatural à figura. O que implica verificar se, relativamente à função desempenhada pela transação (extinção da controvérsia), é necessário que se dê a extinção de alguma posição jurídica. Examina-se, para tanto, ainda que brevemente, o possível conteúdo da transação.

Observou Windscheid que

> "A concessão recíproca pode consistir nisto, que a *ragione* seja em parte satisfeita, em parte renunciada, ou respectivamente em parte reconhecida como subsistente, em parte como insubsistente; mas pode também consistir em que venha inteiramente satisfeita ou renunciada, ou respectivamente, reconhecida como subsistente, ou insubsistente, e da outra parte se faça ou se prometa uma contraprestação de outra espécie. Esta prestação pode ter um conteúdo tão variado quanto qualquer outra prestação patrimonial"[110].

O excerto de Windscheid busca fornecer as diversas configurações de uma transação relativa a *uma* posição jurídica controversa; poderia haver mais. Já evidencia, porém, que o conteúdo da transação é variadíssimo, sendo pois diversas as possibilidades de se superar a controvérsia.

Destarte, não é necessário, para o término da controvérsia, que se extinga alguma posição jurídica. A doutrina que vê na transação ato extintivo de posições jurídicas apenas releva uma das possibilidade de extinção da controvérsia — não a única. Ou, pior, confunde "extinção da controvérsia" e "extinção de obrigações", acomunando indevidamente as idéias. Também se superaria o litígio (mediante transação) se a posição contestada (*v.g.* uma obrigação) fosse, mediante concessão recíproca, integralmente reconhecida pelo devedor. É possível ainda que o devedor reconheça a dívida, porém não no montante afirmado pelo credor, que a seu turno remite[111], ou reconhece não ser devida (reconheci-

[110] Bernardo Windscheid, *Diritto delle pandette*, v. II, parte 2ª, Torino, UTET, 1904, p. 203-204. No original: "La concessione reciproca può consistere in ció, che la ragione venga in parte soddisfatta, in parte rinunziata, o rispettivamente in parte riconosciuta come sussistente, in parte come insussistente; ma può anche consistere in ciò, che venga interamente soddisfatta, o rinunziata, o rispettivamente riconosciuta come sussistente od insussistente, e dall' altra parte si faccia o si prometta una controprestazione d' altra specie. Questa controprestazione può avere un contenuto tanto svariato, quanto ogni altra prestazione patrimoniale".

[111] Como observa Pontes de Miranda, "A remissão pode ser *parcial.* Então, sòmente parte do crédito se extingue" (*Tratado de direito privado*, v. XXV [1. ed.] Rio de Janeiro, Borsoi, 1959, p. 62).

mento negativo), a parcela não reconhecida pelo devedor. Neste caso, porém, a eficácia da remissão será (potencialmente) antes modificativa que extintiva (tanto assim que o mesmo resultado poderia ser alcançado por um negócio jurídico de modificação).

Observe-se, pois, que a referência à eficácia extintiva da transação, que se poderia dessumir do art. 845, 1ª parte, do novo Código Civil (art. 1.032, 1ª parte, do Código Civil de 1916) se há de entender como referência a *eventual* extinção operada pela transação (noutros termos: a eficácia extintiva é apenas eventual na transação).

Sem adiantar, neste ponto, a análise da eficácia da figura, cabe notar que os adeptos da concepção tradicional, que vêem na transação ato extintivo de posições jurídicas (mormente, obrigações), haveriam de enfrentar a questão suscitada pelo art. 843, 2ª parte (art. 1.027, 2ª parte, do Código Civil de 1916) que atribui à transação eficácia declarativa. Bevilaqua anotou que, para o Código Civil brasileiro, "a transacção não é mais do que um modo de extinguir obrigações, e (...) esse acto é meramente declarativo"[112]. Todavia, a extinção é, em si, desconstitutiva. Se tanto, seria possível admitir-se que o ato extinga e "declare" (i.e., torne claro) que extinguiu; mas este aclaramento, em verdade, decorreria do ato mesmo, sem necessidade de declaração específica. Ademais, como referido nos exemplos *supra*, o reconhecimento pode ser positivo ou negativo: é possível fixar-se que determinada posição jurídica existe, ou não existe.

Analisada a concepção que via na transação ato extintivo de posições jurídicas, cabe ora examinar as concepções contratualistas.

1.5. Transação e contrato.

Para a concepção subjacente (ou que se pretendeu subjacente) ao Código Civil de 1916, a transação seria um ato extintivo de posições jurídicas e, portanto, não poderia ser reconduzida à figura do contrato (pois que este apenas criaria obrigações). Verificou-se que nem o contrato, em direito brasileiro, reveste-se da concepção angusta que lhe determinava o direito francês, nem a transação pode ser reduzida

[112] Clovis Bevilaqua, *Codigo Civil dos Estados Unidos do Brasil commentado*, v. IV, Rio de Janeiro, Francisco Alves, 1917, p. 188.

a mero ato de eficácia extintiva (e, ainda que o fosse, não seria por tal excluída da categoria dos contratos).

A análise da natureza contratual da transação implica o exame da *estrutura* antes que da eficácia da figura. Trata-se de verificar se nela ocorrem declarações "*correlativas y recíprocas de dos o más partes*"[113], declarações que "deben coincidir intrínsecamente (consentimiento)"[114]. É esta, com efeito, a nota característica do contrato, ainda que, no suporte fático de diversas figuras contratuais, devam concorrer outros elementos. Na transação, é certo, haverá sempre acordo (consenso) sobre a causa-função, consistente na extinção da controvérsia mediante aquelas concessões recíprocas determinadas pelas partes. Todavia, será necessário ainda examinar a estrutura da figura, para se verificar se, à vista deste consenso, a transação se poderá reduzir, sempre, a um contrato, ou se tal fusão não é sempre possível, constituindo-se a transação numa união de negócios jurídicos.

2. Transação e contrato obrigacional.

Seria possível conceber-se a transação como um contrato, apenas, constitutivo de obrigações? A seguir-se as observações de Larenz, predominou na Alemanha, durante certo tempo, a concepção da transação "como un contrato *únicamente obligatorio*, que en forma alguna crea o incluye actos dispositivos; de ahí que no modifique la relación de deuda, sino que únicamente obligue a ello a las partes, las cuales han de efectuar 'actos de ejecución' necesarios, p. ej. declaraciones de reconocimiento o renuncia"[115]. Em nota, são referidos os nomes de Titze, Esser, Leonhard (a cujas obras não tivemos acesso), e Enneccerus-Lehmann[116]. Interessante notar que, fosse esta, pontualmente, a concepção de transação, a figura se reconduziria, mesmo, à estreita concepção francesa de contrato[117].

[113] L. Enneccerus-H. K. Nipperdey, Derecho civil: parte general, ***in*** Enneccerus-Kipp-Wolff, *Tratado de derecho civil*, t. I, v. 2º, 1ª parte, Barcelona, Bosch, 1981, p. 89.

[114] Andreas von TUHR, *Parte general del derecho civil*, 2. ed., Madrid, Librería General de Victoriano Suárez, 1927, p. 119.

[115] Karl Larenz, *Derecho de obligaciones*, v. I, Madrid, Editorial Revista de Derecho Privado, 1958, p. 138.

[116] Karl Larenz, *Derecho de obligaciones*, v. I, Madrid, Editorial Revista de Derecho Privado, 1958, p. 138, nota n. 17.

[117] Sirva de exemplo, neste ponto, a obra de Serpa Lopes, para quem "A transação é um contrato sinalagmático, atento a que resulta de concessões recíprocas feitas entre as partes:

Sem se confrontar, por ora, a "descrição" que apresenta Larenz às concepções dos citados autores (quando menos, às concepções de Enneccerus-Lehmann), deve-se observar, desde logo, que uma tal concepção não corresponde, *prima facie*, ao desenho que a transação recebe nos diversos códigos civis.

Com efeito, como observa Carnelutti, um semelhante contrato "não poria fim à lide e, portanto, não corresponde à *fattispecie* do art. 1.965 [do código civil italiano]. A composição da lide exige a atualidade da renúncia ou do reconhecimento; e dado que a lei põe tal composição como resultado da transação, não é possível, a fim de salvar sua natureza contratual, construí-la como um *quid* inidôneo a obter a composição mesma"[118].

A crítica é importante por derivar da concepção mesma de transação, concepção aliás expressa, de forma bastante semelhante, em diversos códigos civis. Dispõe o art. 1.965, *primo comma*, do código civil italiano: "A transação é o contrato com o qual as partes, fazendo-se concessões recíprocas, põem fim a uma lide já surgida ou previnem uma lide que

cada qual se obriga realmente a dar, ou a fazer, ou a não fazer alguma coisa (...)" (Obrigações em geral, *in Curso de direito civil*, v. II, 4. ed., Rio de Janeiro, Freitas Bastos, 1966, p. 297.). À primeira vista, parece refletir-se no excerto a velha definição de contrato insculpida no art. 1.101 do código civil francês.
Necessário perguntar-se, contudo, se estas obrigações surgem com a transação ou se, surgidas anteriormente, são fixadas, ou modificadas, pela transação (hipótese de transação versando sobre relação jurídica obrigacional). Neste caso, seria correta a afirmação de que a transação é contrato de direito das obrigações, mas *não* a de que seja contrato apenas, ou fundamentalmente, constitutivo de obrigações, como parece decorrer do trecho citado. As obrigações haveriam surgido anteriormente, sendo fixadas, ou modificadas, pela transação — com o que, aliás, a referida figura seria, na terminologia de Pothier, não já um *contrat*, mas uma *convention* (cf. *supra*, item 1.3., notas n. 91 e n. 92).

[118] Francesco CARNELUTTI, La transazione è un contratto?, *in Rivista di diritto processuale*, v. 7, parte I, Padova, CEDAM, 1953, p. 190. Como observa o autor, um semelhante contrato "non porrebe fine alla lite e perciò non risponde alla fattispecie dell' art. 1965 [do código civil italiano]. La composizione della lite esige l' attualità della rinunzia o del riconoscimento; e poiché la legge pone tale composizione come risultato della transazione, non é possibile, al fine di salvare la sua natura contrattuale, costruirla come un *quid* inidoneo a ottenere la composizione medesima".
Importante observar que o autor parece descurar por completo dos negócios (contratuais!) de modificação, fundando a possibilidade de composição do litígio, apenas, na renúncia e no reconhecimento, celebrados em união (união de negócios jurídicos). Trata-se, como se verá, de *uma* possível maneira de terminar-se a controvérsia; não, porém, da única.

pode surgir entre elas"[119]. O § 779 do BGB refere-se à transação como um "contrato por el qual es suprimido el litigio o la incertidumbre de las partes por vía de recíprocas concesiones"[120]. De notar-se, pois, a semelhança destes dispositivos com o art. 1.025 do Código Civil de 1916 e com o art. 840 do Código Civil de 2002, a teor do qual "É lícito aos interessados prevenirem ou terminarem o litígio mediante concessões mútuas". A crítica é importante por demonstrar a insuficiência do momento obrigacional relativamente à causa do contrato (extinção da controvérsia).

Não se encerram aqui, contudo, as críticas que se podem mover a um semelhante modelo. É conveniente, ainda, que se examinem algumas outras, quando menos, para que se possa melhor avaliar, por comparação, determinados aspectos da estrutura e da disciplina da transação. Como se verá, tais críticas relacionam-se seja à necessidade e admissibilidade do modelo, seja à sua dinâmica.

Já se afirmou, mesmo, que um semelhante modelo não seria mais que mero contrato preliminar, e não um contrato definitivo. Para além desta crítica, que não nos parece correta, o modelo abre flanco a outras indagações: tem ele alguma utilidade específica? Os negócios de adimplemento, celebrados apartadamente do contrato obrigacional (e sem qualquer referência necessária a este) podem desempenhar, ainda, a mesma função que desempenhariam se integrados numa transação? Um semelhante modelo (se e na medida em que admissível) não provê uma tutela deficiente aos figurantes (ou mais deficiente que a que se provê na transação)? São estas questões que passamos, sumariamente, a examinar, para posterior confronto com a disciplina positiva da transação.

2.1. Contrato preliminar ou definitivo?

Para Carnelutti, não seria possível conceber-se a transação como um "acordo concluído entre as duas partes, as quais reciprocamente se obrigam a cumprir os negócios mesmos [necessários à extinção da

[119] No original: "La transazione è il contratto col quale le parti, facendosi reciproche concessioni, pongono fine a una lite già incominciata o prevengono una lite che può sorgere tra loro".

[120] Carlos Melon Infante, *Código civil aleman* (BGB), Barcelona, Bosch [1994] p. 159.

controvérsia]"[121], pois que, neste caso, um tal negócio "se construiria à guisa de um contrato preliminar"[122] (sobre, como visto, não servir a extinguir diretamente à controvérsia, não se adequando, pois, ao modelo do Código Civil). É de se perguntar, contudo, se está correta esta afirmação.

O contrato preliminar tem como causa, fundamentalmente, conduzir à formação de um negócio posterior, definitivo. Um e outro negócio, preliminar e definitivo, não se confundem, e o preliminar extingue-se, em princípio, com seu cumprimento, i.e., com a celebração do negócio definitivo. Bem diverso é o papel do contrato obrigacional ora sob exame.

Em verdade, uma vez que se recorre ao contrato obrigacional, é por meio deste que um conjunto de negócios (que figuram, então, como negócios de adimplemento) aparecerão como predispostos, em conjunto, à extinção da controvérsia. A causa do negócio pode, pois, vir determinada *apenas* no negócio base (i.e., no contrato obrigacional). Não se trata, pois, de um negócio preliminar, o qual, a sua volta, seria estruturalmente separável do negócio jurídico posterior (ou dos negócios jurídicos posteriores). Um semelhante contrato obrigacional seria dispensável apenas se *todos* os negócios que se destinam à composição da controvérsia (inclusive as prestações que não versam sobre pontos controversos da situação jurídica anterior) trouxessem, inserta, a referência a uma mesma "*causa transactionis*" (tratar-se-ia, aqui, do esquema de negócios jurídicos coligados, a que aludira Carnelutti)[123].

Não se trata, pois, este contrato obrigacional, de um negócio preliminar, mas sim de um contrato definitivo, cabendo ora perquirir qual a específica função que pode desempenhar o modelo.

[121] Francesco CARNELUTTI, La transazione è un contratto?, *in Rivista di diritto processuale*, v. 7, parte I, Padova, CEDAM, 1953, p. 190. No original: "accordo concluso fra le due parti, le quale reciprocamente si obbligano a compiere i negozi medesimi".

[122] Francesco CARNELUTTI, La transazione è un contratto?, *in Rivista di diritto processuale*, v. 7, parte I, Padova, CEDAM, 1953, p. 190. Um tal contrato, como observa Carnelutti, "si costruirebbe a guisa di un contratto preliminare".

[123] Se há contrato obrigacional, e apenas alguns, não todos, os negócios de adimplemento contém referência à transação, o que se dá é, apenas, a dependentização de alguns dos negócios de adimplemento (caso fossem abstratos) ao fim da transação, continuando o negócio base a definir quais os negócios por que se deverá compor a controvérsia, e sendo, nesta medida, ineliminável.

2.2. Função do contrato obrigacional.

O modelo de um contrato obrigacional, voltado à extinção da controvérsia, teria, como função básica, a de predispor diversos atos (ou negócios) à extinção da controvérsia, conforme a intenção das partes. Trata-se, tal como ocorre com a troca, de *um* contrato obrigacional, à medida em que os diversos atos, necessários à extinção da controvérsia, são, apenas, previstos *in obligatione* (i.e., como prestações a executar, sem que integrem, pois, o suporte fático do ato) e em conjunto.

Todavia, mais freqüente será que estes diversos negócios se concluam desde logo, seja integrando o contrato, seja conformando uma união de negócios jurídicos, como apontara Carnelutti[124]. De notar-se, pois, que o recurso ao contrato obrigacional não é a única maneira de predispor diversos negócios jurídicos a uma determinada finalidade (*in casu*, à extinção da controvérsia). Caberia notar, ainda, que esta união de negócios jurídicos, embora suscitando alguns problemas de disciplina positiva, poderia, em prevendo concessões recíprocas, subssumir-se aos termos expressos do art. 840 do Código Civil de 2002, apresentando a causa prevista neste artigo (subssunção que, em princípio, não ocorreria com um contrato puramente obrigacional, o qual não serve a operar, desde logo, a extinção da controvérsia).

Para além desta questão, resta verificar quais os problemas que pode suscitar este referido modelo (notadamente, no que tange à cisão entre contrato obrigacional e atos de execução), bem como suas eventuais deficiências relativamente à tutela dos figurantes, para sua posterior comparação com os modelos do contrato e da união de negócios jurídicos.

2.3. Negócios de execução e extinção da controvérsia.

Uma ulterior questão que suscita este modelo do contrato obrigacional (cuja influência, maior ou menor, se fez sentir sobre a transação) é a de se verificar se os negócios de execução, concluídos apartadamente do contrato obrigacional, podem desempenhar a mesma função que desempenhariam se suas disposições estivessem insertas na transação.

É comum haver, na transação, referências à "remissão", à "renúncia", ao "reconhecimento" ou à modificação, em determinado sentido, de tal

[124] Cf. item 2 *supra*, nota n. 118.

ou qual posição jurídica. É de se perguntar contudo se, na transação, ocorrem, sempre, remissão, renúncia, ou negócio jurídico de modificação típicos. A pergunta se faz porque, na transação, não se pode aferir, em definitivo, qual a real situação jurídica dos figurantes. Com isto, pode dar-se que a posição que se "renuncia" ou se "remite" em verdade *não exista* (alegou-a um dos figurantes da transação, mas sua alegação era infundada), ou que o contrato de modificação, numa situação limite, nada modifique (*v.g.*, as partes acordaram em modificar a dívida para determinado valor, coincidindo este, contudo, sem que o soubessem as partes, ao real valor da dívida, o que é hipótese rara, mas não de todo impossível).

Estas considerações servem a indicar que, mais que a simples extinção de determinada posição jurídica, ou sua modificação, no sentido determinado pelas partes, os referidos negócios, insertos na transação, servem a *fixar* a situação jurídica das partes. Assim, relativamente aos negócios de modificação, antes que determinar-se se houve mesmo modificação, e qual foi esta (a dívida, estabelecida em valor intermediário entre aquele alegado pelo credor e o admitido, originalmente, pelo devedor, pode ter sofrido redução ou ampliação em seu objeto, ou até, em hipótese limite, não ter sofrido modificação alguma), determinação esta que, de resto, implicaria o retorno à situação jurídica anterior, basta às partes a certeza de que, fosse qual fosse a situação originária, a dívida, após a transação, é daquele montante, nem mais, nem menos. Igualmente, em relação às "renúncias" ou "remissões" havidas, é em princípio suficiente às partes a certeza de que já não há, agora, a posição que se alegava, pouco importando que, em verdade, não existisse, ou que existisse, sendo, em seguida, extinta. No limite, pois, esta "remissão causal", inserta na transação, pode desempenhar, apenas, eficácia declarativa.

Parece pois que, antes de se haver remissão, renúncia, ou negócios de modificação típicos, o que há (ao menos nestas hipóteses) são negócios jurídicos complexos, com elementos de renúncia, remissão, ou de negócio jurídico de modificação (negócios a que talvez, se pudesse designar negócios jurídicos de fixação, à medida em que se trata de fixar, estabelecer, com aquele conteúdo, a relação ou situação jurídica das partes, sem poderem estas precisar, *in concreto*, qual a real eficácia determinada pelo negócio). Donde a questão de se perguntar o que caracteriza estes negócios não como típicos negócios de modificação, ou de remissão, ou de renúncia, mas como "negócios jurídicos de fixação". Uma possível indicação se poderia haver, por exemplo, se o declarante se refere, no negócio, à renúncia (ou remissão) *da posição alegada*, ou se estabelecem as partes, no negócio de modificação, que a dívida sobre que controvertiam, fosse qual fosse seu real valor, resultará fixada naquele montante especificado pelo negócio. Cabe notar que os exemplos figurados não supõem uma transação (embora este exemplo do negócio modificativo possa consistir numa transação, se se reconhece, como é comum, a dívida em valor intermediário entre as duas posições contrastantes). Contudo, a conclusão de semelhantes negócios de fixação pode ser evidenciada, também, por sua inserção numa transação, sendo perpassados pela causa função desta. Na transação, evidencia-se o quanto se deseja o elemento de certeza resultante de cada uma destas disposições, qualquer que tenha sido, *in concreto*, sua eficácia, certeza esta resultante do fato de que, qualquer que fosse a situação anterior, a relação ou situação jurídica das partes resta estabelecida com aquele conteúdo expresso na transação. Também um contrato obrigacional, como o que ora se examina, demonstraria a mesma busca de certeza pelas partes, mas se encontra *cindido* dos respectivos negócios de execução.

Daqui a questão que pode surgir, relativamente ao contrato obrigacional. Neste, cindem-se o negócio base e os atos ou negócios de execução. *Quid inde*, pois, se os negócios de adimplemento não trazem em si alguma referência seja ao contrato anterior seja à posição jurídica *alegada* que se extingue, ou se modifica, ou se reconhece? Tratar-se-iam, ainda, de negócios de fixação, podendo a questão resolver-se em termos interpretativos (como se se considera, *v.g.*, que a alusão a remissão, ou renúncia, ou negócio de modificação, não é muito precisa, e que o exame do caso mostra que o que as partes concluíram, foi, em verdade, um negócio de fixação)? Ou lhes faltaria, justamente, um elemento caracterizador (sendo inane, pois, o recurso à interpretação)? Este é um problema que pode suscitar a cisão entre contrato-base e atos de adimplemento.

Um exemplo pode servir a esclarecer os termos da questão. É possível (*v.g.*) que uma remissão (negócio de adimplemento) seja concluída com alguma referência à extinção da controvérsia, à "pretensão" alegada por uma das partes (e que ora se extingue), ou, ainda, ao contrato anterior, em relação ao qual figura como negócio de adimplemento. Nestes casos, se haveria de concluir que o negócio de remissão é, também, causal, podendo pois sobrelevar, para além da eficácia extintiva, que é típica do negócio, o elemento de *certeza* trazido pelo negócio extintivo: *não há*, ou *já não há mais*, aquela dívida. O conteúdo mesmo do negócio seria mais amplo que o seria, *prima facie*, o de uma remissão abstrata, sendo possível sustentar-se que este negócio, causal, permaneceria válido inobstante não existisse a anterior dívida, supostamente remitida. Não haveria nulidade do negócio, por impossibilidade originária do objeto (art. 166, III, do Código Civil de 2002; art. 145, II, do Código Civil de 1916), porque o negócio se trataria, em verdade, de negócio causal, com (possíveis) elementos de remissão de dívida (negócio de fixação). *Quide inde*, porém, se esta remissão se conclui isoladamente, e sem referência expressa ao anterior contrato (obrigacional), que ela adimple, ou à extinção da controvérsia ou outra, que indique, *no negócio*, a real intenção das partes?

Num semelhante caso, a solução que melhor se adequa ao interesse das partes é, sem dúvida, ressaltar que o negócio assim concluído determina, de qualquer maneira, um elemento de *certeza* de que a suposta dívida *já não existe* (elemento este, cabe observar, que não possui, na remissão ou renúncia puras, uma relevância autônoma, mas é, apenas, o consectário da extinção — o negócio que extingue torna claro que extinguiu[125]), podendo as circunstâncias evidenciar que foi exatamente este elemento de certeza que se quis, fim este que talvez se pudesse considerar, no caso concreto, *implícito* ao negócio, porque foi isto que,

[125] É verdade que a remissão, e os demais negócios extintivos, geram, de ordinário, a certeza sobre o não-ser (mais) da posição jurídica anterior, que extinguiram. Seria possível pretender-se autonomizar, nos negócios jurídicos extintivos, esta função de certeza, considerando que esta se produziria em qualquer caso, quer existisse a posição jurídica anterior, que o negócio teria então extinguido, quer não existisse esta? E, se possível esta interpretação, seria possível sustentar-se, a partir daí, que o negócio de remissão, mesmo inexistente a anterior posição jurídica, permaneceria válido? Em verdade, uma tal concepção não é, *prima facie*, aceitável, porquanto significa inserir na remissão (ou na generalidade dos negócios extintivos) uma *nova* causa, inscrevendo, em um mesmo negócio (ainda que em alternativa) duas afirmações (pressuposições) distintas: ou a dívida (no caso da remissão) existia, e foi extinta; ou não existia, e o negócio serve a declarar que não existe. Já se nota, aqui, o quanto haveria de *reconstrução*, de *reformulação* da remissão ou, mais amplamente, da inteira categoria dos negócios jurídicos extintivos. Seria, no limite, negar-se a existência de um negócio extintivo puro, havendo, apenas, negócios com (possíveis) elementos de extinção de dívida.

pragmaticamente, as partes se outorgaram. A declaração concretamente feita haveria, pois, de ser interpretada em seu contexto. Tratar-se-ia, pois, em casos semelhantes, de relevar o elemento de certeza trazido pelos negócios concluídos, independentemente de qual haja sido sua real eficácia, como o evidenciem as circunstâncias. Contudo, é sempre possível o surgimento de soluções mais restritivas, que exigiriam, para que o negócio se afastasse do tipo puro (*v.g.*, da renúncia, da remissão, do negócio de modificação) e se caracterizasse como "negócio de fixação", a existência de algum elemento *expresso* a sustentar tal caracterização, sem o que o elemento de certeza, que o negócio pode fornecer, não poderia (conforme a caracterização típica do negócio) revestir-se de relevância autônoma.

Da nulidade da remissão (se é o caso), surgiria outro problema. Em princípio, o próprio beneficiário da declaração (i.e., o suposto devedor) poderia alegar a nulidade da remissão (volvendo, pois, à situação jurídica anterior, que, em verdade, não haveria sido fixada pelo contrato obrigacional ou, mais especificamente, pelo negócio de execução deste). Poderia ele, fundando-se na nulidade, alegar que, em verdade, nada recebeu, pleiteando pois, *v.g.*, a terminação do contrato obrigacional a que, precedentemente, se vinculara? Neste ponto, as soluções que se pode figurar são (i) considerar-se que o contrato obrigacional (executado) vedaria, a cada figurante, o reexame da situação jurídica anterior, vedando-lhe, pois, a ação de desconstituição por nulidade, solução que não estaria em acordo com as normas gerais do Código em matéria de alegação de nulidade, sendo pois, de repelir-se; ou (ii) considerar-se, em atenção à função que o contrato visava desempenhar, que o suposto devedor recebeu sua concessão, feita a partir do que o (pretenso) credor sustentava ser o seu direito, nada tendo pois a reclamar. A hipótese é instrutiva, servindo a evidenciar como um contrato puramente obrigacional se pode revelar frágil no que tange à finalidade de extinção (superação) da controvérsia[126].

Algumas palavras, enfim, sobre o "reconhecimento". O reconhecimento, em princípio, pareceria não determinar maiores problemas, uma vez que se identifique, como os alemães o fizeram, um negócio jurídico

[126] Sobre a relação entre estes negócios e as afirmações que se fazem as partes na controvérsia, cf. *supra* Capítulo 1, item 1.1., especialmente nota n. 17.

apto quer a manter a situação jurídica anterior, no que esta se conforme a seus termos, quer a modificá-la, quando divergissem, do conteúdo do negócio, os termos da situação jurídica anterior[127]. Tratar-se-ia, pois, da mesma função que o reconhecimento deve desempenhar, se inserto na transação (nesta, não se haveria de admitir que o reconhecimento fosse apenas declarativo, permitindo ao reconhecente apontar-lhe as diferenças em relação à situação jurídica anterior, pois que, neste caso, o litígio estaria sujeito, freqüentemente, a reabrir-se, ou, talvez, não se encerrasse nunca). Mas a separação entre o contrato obrigacional e o reconhecimento (concluído, então, como negócio de execução) pode suscitar, ao menos, um problema.

Cabe notar, primeiramente, que o "reconhecimento" que se conclui pode conter referências ao precedente contrato (obrigacional), em relação ao qual figura como ato de adimplemento, ou pode, ainda, conter alguma referência à definitividade da vinculação do figurante ao teor de suas disposições. A partir de tais referências, se poderia, desde logo, identificar o tipo de negócio concluído: tratar-se-ia não de um reconhecimento "puramente declarativo", mas sim de um "negócio jurídico de fixação". Contudo, pode dar-se que o reconhecimento se conclua sem semelhantes referências; pode contê-las, e pode não nas conter. *Quid inde*, nesta hipótese? Como estabelecer-se que o negócio, que se concluiu, não visa apenas segundo Pontes de Miranda, a "dar a declaração"[128]? Se não há qualquer indicação, não se pode, *a priori*, inferir que o declarante haja querido praticar um "negócio jurídico de fixação", vinculando-se aos precisos termos da declaração. Seria, pois, *prima facie*, necessário que esta vinculação, de forma definitiva, aos termos do reconhecimento, resultasse dos próprios termos do negócio. Neste ponto, quiçá, seria ainda possível vislumbrar-se uma solução ao problema, considerando-se que, a despeito da ausência de qualquer indicação precisa no negócio, as circunstâncias indicam que apenas pode ter sido celebrado o "negócio jurídico de fixação". Com efeito, quem cumpre, ou pensa cumprir, um semelhante contrato, voltado à extinção da

[127] Sobre a assimilação, na transação, entre "negócio jurídico de modificação" e "reconhecimento", e os limites desta, cf. infra, item 3.2.

[128] Cf. Pontes de Miranda, *Tratado de direito privado*, v. XXXI, 2. ed., Rio de Janeiro, Borsoi, 1961, pp. 43-44 e 49-50. Cf. item 3.2. *infra*, nota n. 169.

controvérsia, não pode ter, apenas, declarado, sem pretender vincular-se aos exatos termos da declaração. Há de ter cumprido negócio jurídico de fixação. Considerações semelhantes se poderiam fazer a respeito do "reconhecimento negativo de dívida" (em verdade, negócio jurídico de fixação, destinado a fixar que determinado conteúdo — i.e., determinada posição jurídica — não existe).

2.4. Separação entre contrato obrigacional e atos de execução. Defeito do contrato obrigacional e normas de tutela dos figurantes.

Uma crítica fácil, que se poderia mover ao contrato obrigacional ora sob exame, é a de que este contrato poderia implicar em multiplicação desnecessária dos atos (e negócios) de execução dirigidos à extinção da controvérsia, aumentando também os riscos das partes, *v.g.*, quanto a não se concluir, ou concluir-se invalida, ou ineficazmente, algum destes negócios. A construção se poderia revelar, pois, *frágil.* Desta cisão entre contrato obrigacional e atos de execução deriva, ainda, outro risco aos figurantes (especialmente ao que haja cumprido alguma obrigação, concluindo determinado negócio), risco este que se deve, quando menos, referir, inclusive para ulterior comparação com a transação.

Com efeito, deve-se atentar a que os atos ou negócios de execução podem se constituir sem qualquer referência ao anterior contrato obrigacional. Tratar-se-iam, pois, em princípio, de atos *abstratos*[129], em relação ao contrato originário. Esta circunstância implicaria, *em princípio*, em concluir-se valida e eficazmente (e permanecer eficaz) o ato, a despeito da inexistência, invalidade, ou ineficácia do anterior contrato obrigacional[130]. Da mesma forma, se o contrato é, por qualquer causa, terminado

[129] A abstração, observe-se, não significa inexisência de causa, mas, apenas, "independência" do ato em relação a uma relação ou situação jurídica anterior, e à causa que esta determina (ou *determinaria*). Esta "independência" se explica, ou se traduz, fundamentalmente, pela não inserção da causa (ou, mais amplamente, de referência à situação jurídica anterior) no suporte fático do ato jurídico que, portanto, pode constituir-se valida e eficazmente (e permanecer eficaz) malgrado as eventuais vicissitudes da relação base, restando ao declarante, em princípio, apenas a ação de restituição ou indenização pelo que haja prestado (fundada, tradicionalmente, no enriquecimento sem causa).

[130] Esta questão será, na presente dissertação, apenas referida, indicando-se quais as possíveis soluções no ordenamento brasileiro, sem se passar, porém, à análise exaustiva destas

(*v.g.*, por vícios redibitórios, evicção, resolução por inadimplemento ou outra causa), restariam, em princípio, válidos e eficazes os (demais) atos de execução. Num caso e noutro (i.e., vício, ou terminação do contrato obrigacional), a tutela dos figurantes se limitaria, pois, em princípio, às normas de restituição aplicáveis.

Esta consequência foi logo apontada pela dogmática alemã (ao menos, no que tange à invalidade do contrato obrigacional) que, noutras épocas, tanto acentuou o que havia, na transação, de constituição de obrigações. Como observaram Enneccerus-Lehmann, uma eventual nulidade "se limita a la transacción misma. Los actos abstractos de cumplimiento realizados a la base de aquella, ya sean posteriores a la misma o ya vayan unidos con ella, son eficaces por de pronto, pero su efecto está sujeto a restitución por razón de enriquecimiento sin causa"[131].

É dizer-se, pois, que a nulidade (ou a anulabilidade, ou a ineficácia) "da transação" (i.e., do contrato obrigacional) não se opõe "a la validez de los actos a través de los quales llega aquella a su cumplimiento, a menos que quepa aplicar a éstos la misma causa de nulidad"[132]. Os negócios de execução, em princípio, foram concluídos valida e eficazmente, permanecendo eficazes, salvo, segundo Enneccerus-Lehmann, o remédio da restituição por enriquecimento sem causa (*condictio indebiti*, nos casos de ineficácia, e *condictio ob causam finitam* nos casos de anulabilidade — ou, como ocorre no sistema alemão, nos casos de "impugnação", *Anfechtung*[133]; os casos de nulidade exigiriam exame mais detalhado, quanto à incidência da *condictio indebiti* ou da *condictio ob turpem vel iniustam causam*[134]).

mesmas, pois que um semelhante estudo da dinâmica do contrato obrigacional desbordaria do objeto da presente dissertação.

131 L. Enneccerus-H. Lehmann, Derecho de obligaciones, ***in*** Enneccerus-Kipp-Wolff, *Tratado de derecho civil*, t. II, v. 2º, 2ª parte, Barcelona, Bosch, 1966, p. 860.

132 L. Enneccerus-H. Lehmann, Derecho de obligaciones, ***in*** Enneccerus-Kipp-Wolff, *Tratado de derecho civil*, t. II, v. 2º, 2ª parte, Barcelona, Bosch, 1966, p. 851.

133 Cf. Pontes de Miranda, *Tratado de direito privado*, v. XXVI, Rio de Janeiro, Borsoi, 2. ed., 1961, p. 135. O texto apresenta uma crítica de Pontes de Miranda aos juristas alemães (inclusive Enneccerus), que consideravam surgir, *in casu*, a *condictio indebiti*, em vez da *condictio ob causam finitam*.

134 Cf. Pontes de Miranda, *Tratado de direito privado*, t. XXVI Rio de Janeiro, Borsoi, 2. ed., 1961, p. 134 e p. 152-153. Cabe notar, ainda, a teor do art. 883, *caput*, do Código Civil

O modelo do contrato obrigacional abriria, assim, flanco a uma importante crítica de Larenz, que considera "erróneo tal desdoblamiento de un negocio jurídico concebido como unitario por las partes"[135].

Contudo, é necessário notar, neste ponto, a existência de certas diferenças entre o ordenamento alemão e o brasileiro, diferenças estas que, no novo Código Civil brasileiro, podem implicar, mesmo, na *invalidade* dos negócios de execução, ou de determinados negócios de execução.

O ordenamento jurídico alemão, como visto, determinaria o surgimento da pretensão por enriquecimento sem causa. No sistema jurídico brasileiro, contudo, a solução é mais complexa, podendo determinar, é bem de se reconhecer, uma tutela superior aos figurantes. Com efeito, ainda sob o Código Civil de 1916, poderia incidir, para além das disposições específicas concernentes ao pagamento indevido[136], também o art. 158, a teor do qual "Anulado o ato, restituir-se-ão as partes ao estado,

(art. 971 do Código Civil de 1916), que "Não terá direito à repetição aquele que deu alguma coisa para obter fim ilícito, imoral ou proibido por lei".

[135] Karl LARENZ, *Derecho de obligaciones*, v. I, Madrid, Editorial Revista de Derecho Privado, 1958, p. 138-139.

[136] O pagamento indevido era regulado, no Código Civil de 1916, pelos arts. 964-971. A estes dispositivos correspondem, fundamentalmente, os arts. 876-883 do Código Civil de 2002, exceção feita às regras dos arts. 881 (relativa à indenização por prestações de fazer ou não fazer) e 883, § único, introduzidas pelo novo Código.

No BGB, a disciplina geral do enriquecimento sem causa é traçada numa única seção (§§ 812-822). O Código Civil de 1916 não disciplinou o "enriquecimento sem causa" *tout court*; dedicou um capítulo específico ao pagamento indevido (espécie que mais freqüentemente conduziria ao enriquecimento sem causa), para além de normas esparsas eventualmente recondutíveis ao mesmo instituto (cf., *v.g.*, ANTUNES VARELA, *Direito das obrigações*, v. I, Rio de Janeiro, Forense, 1977, pp. 187-188). De notar-se, contudo, que alguns dos casos mencionados pelo autor constituem, em verdade, casos de enriquecimento injustificado, não de enriquecimento sem causa, por não haver atribuição, nem se poder, consequentemente, aludir-se a alguma causa: tal é, por exemplo, o caso da avulsão).

É possível que a orientação anticausalista que esteve à base do Código Civil de 1916 haja determinado o tratamento fragmentário e incompleto do tema. A doutrina, contudo, tratou de estender o remédio do enriquecimento sem causa aos casos não previstos no anterior código. É a solução adotada por Antunes Varela, com remissão aos princípios gerais de direito, *ex vi* do art. 4º da Lei de Introdução ao Código Civil (cf. *Direito das obrigações*, v. I *cit.*, p. 180). Em verdade, ainda que o Código Civil de 1916 não se referisse à causa (salvo, no art. 90, para dizer que a "falsa causa" — i.e., o *motivo* — não vicia, em princípio, o ato), ressalta que "todo o sistema jurídico é fundado na causa" (Pontes de Miranda *Tratado de direito privado*, v. III [1. ed.] Rio de Janeiro, Borsoi, 1954, p. 100), i.e., na causa de atribuição patrimonial,

em que antes dele se achavam, e não sendo possível restituí-las, serão indenizadas com o equivalente", artigo este que determina uma tutela mais ampla que apenas a restituição daquilo com que se enriqueceu o outro figurante.

É, contudo, sob o Código Civil de 2002 que a tutela possa, talvez, revelar-se ainda mais eficaz. Com efeito, para além das disposições sobre pagamento indevido, e do preceito do art. 158 do Código Civil de 1916 (reproduzido, ora, no art. 182 do atual Código), o Código Civil de 2002 introduz, no sistema jurídico, a anulabilidade por erro de direito. A teor do art. 139, III, do novo Código Civil, é substancial (e, pois, *invalidante*) o erro quando, "sendo de direito e não implicando recusa à aplicação da lei, for o motivo único ou principal do negócio jurídico".

Trata-se de artigo sem paralelo no Código Civil de 1916, e consiste em mudança significativa na disciplina do erro: sob o sistema do Código Civil de 1916, observara pontes de Miranda que "Ou o êrro [invalidante] é quanto ao conteúdo do ato jurídico (arts. 86-88), ou está na transmissão da manifestação de vontade"[137], com o que não se havia, no direito brasileiro, por onde inserir-se o êrro de direito[138] (ao menos não enquanto este configure, apenas, erro sobre os motivos). Uma possível hipótese de erro de direito é, justamente, a conclusão de um determinado ato ou negócio jurídico crendo-se, erroneamente, obrigado a tanto (trata-se, salvo menção expressa da causa, de erro sobre elemento estranho ao conteúdo do ato jurídico). Destarte, seria possível, *prima facie*, anular-se, por erro de direito, o negócio jurídico concluído na suposição (errônea) de que havia o dever de prestar (i.e., o de celebrar o negócio jurídico)[139].

sendo as atribuições patrimoniais, precisamente, o campo de aplicação do enriquecimento sem causa (cf. Antunes Varela, *Direito das obrigações*, v. I *cit.*, p. 193-194).
O Código Civil de 2002 estabeleceu disposições gerais sobre o enriquecimento sem causa (arts. 884-886, que não encontram homólogos no Código Civil de 1916), *sem*, porém, reconduzir a um mesmo capítulo estas e as disposições sobre pagamento indevido (arts. 876-883).

137 Pontes de Miranda, *Tratado de direito privado*, v. IV, São Paulo, RT, 4.ed., 1974, p. 273.

138 Cf. Pontes de Miranda, *Tratado de direito privado*, v. IV, São Paulo, RT, 4.ed., 1974, p. 273 e p. 281.

139 Seria preciso, contudo, verificar-se em que medida a anulação seria admissível, em se tratando de atos jurídicos abstratos. Deve-se entender que a abstração do ato, ou a natureza jurídica de determinados atos (*v.g.*, atos de disposição, os quais, de resto, são normalmente abstratos), impediriam, sempre, a incidência da regra? Ou esta apenas deixaria de incidir quando a lei dispõe sobre a (necessária) abstração do ato, como, *v.g.*, a respeito da cambial?

Por outro lado, é de se excluir, na matéria (tutela dos figurantes *ex vi* da ineficácia ou invalidade do contrato obrigacional), a incidência do art. 184, 1ª parte (art. 153 do Código Civil de 1916), a teor do qual "Respeitada a intenção das partes, a invalidade parcial de um negócio jurídico não o prejudicará na parte válida, se esta for separável". Trata-se, aqui, da invalidade de *parte* de *um* negócio jurídico, não de um negócio jurídico, contagiando outros.

A crítica se pode estender a Pontes de Miranda, que, comentando a regra do art. 1.026, *caput*, do Código Civil de 1916 ("Sendo nula qualquer das cláusulas da transação, nula será esta", preceito reproduzido *ipsis literis* no art. 848, *caput*, do Código Civil de 2002), sustentou que

> "O art. 1.026 do Código Civil e o respectivo parágrafo único não permitem a solução de outros sistemas jurídicos em que permanecem válidos ou eficazes os atos de disposição ou de execução, salvo ação de enriquecimento injustificado por falta de base do negócio (*e.g.*, L. Schnorr v. Carolsfeld, *Beiträge zur Lehre vom Vergleich*, 86; com solução correspondente à do direito brasileiro, Karl Larenz, *Lehrbuch des Schuldrechts*, I, 86)"[140].

Pontes de Miranda, destarte, contrapõe-se à solução defendida por Enneccerus-Lehmann e exposta *supra*. Teríamos, assim, solução conveniente para o problema da nulidade e, também, da anulabilidade ou da ineficácia, casos estes a que também se aplicaria a *regra da contagiação*, inserta no art. 848, *caput*[141]. Infelizmente, contudo, esta regra não se reveste do alcance que lhe atribui o autor.

Estas questões demonstram, já de si, a necessidade de inserir, sistematicamente, o art. 139, III, no ordenamento jurídico, cabendo verificar em quais casos é possível admitir-se anulação por erro e em quais outros cabe, apenas, o dever de restituição, questão esta que, contudo, refoge, *prima facie*, ao âmbito do presente trabalho.

[140] Pontes de Miranda, *Tratado de direito privado*, v. XXV [1. ed.] Rio de Janeiro, Borsoi, 1959, p. 134. Como se verá mais adiante, a solução alvitrada por Larenz não foi desenvolvida concebendo-se a transação como um contrato obrigacional.

[141] Cf. Pontes de Miranda, *Tratado de direito privado*, v. XXV [1. ed.] Rio de Janeiro, Borsoi, 1959, p. 134. Malgrado a redação estrita do artigo, que se refere à nulidade, a extensão da regra aos casos de anulabilidade e ineficácia é corretíssima, pois, também nestes casos, se há de atentar à unidade (e unitariedade) do negócio jurídico.

Como observa o próprio Pontes de Miranda, "as espécies do art. 1.026 e parágrafo único do Código Civil brasileiro entrariam no artigo 153, 1ª parte. Diz o art. 1.026: 'Sendo nula qualquer das cláusulas da transação, nula será esta'. O mesmo é dizer-se: onde há todo transacional indivisível, a nulidade de uma das cláusulas, ainda que sòmente de um lado, apanha o todo"[142]. E conclui: "O art. 153, 1ª parte, bastaria: 'A nulidade parcial de um ato não o prejudicará na parte válida, se esta fôr separável'"[143].

Destarte, a regra que o art. 1.026 do Código Civil de 1916 (art. 848 do Código Civil de 2002) fixava, em matéria de transação, seria, apenas, a aplicação particular (explicitação) do preceito do art. 153 do anterior Código Civil, reproduzido ora no art. 184, 1ª parte, do Código Civil de 2002.

É certo que, nos contratos sinalagmáticos, não é possível pensar-se em divisibilidade. Como observa Larenz, "no es aceptable independizar en un contrato bilateral los deberes de prestación de ambas partes en tal forma que en caso de nulidad de uno de ellos permanezca el otro como obligación unilateral. Con ello perdería el contrato su carácter de intercambio (...)"[144]. Mas daqui não segue que a nulidade (ou anulabilidade, ou ineficácia), que se terá contagiado de uma disposição a todo o negócio-base (obrigacional) contagie, também, os atos de execução.

De notar-se, mais uma vez, que os referidos artigos 184 e 848 concernem, em princípio, a negócio jurídico *uno*, não a pluralidade ou conjunto de negócios jurídicos, como o seria, *v.g.*, um suposto "conjunto" formado pelo contrato obrigacional de transação e respectivos atos de execução. O primeiro dispositivo, com efeito, alude à invalidade de *parte* do negócio jurídico ("invalidade parcial"), e à não contagiação da "*parte* válida" *se esta for separável* (o que não ocorre *in casu*); o art. 848, *caput*, alude a *cláusula* da transação. Como observa Pontes de Miranda, "Se o negócio jurídico é um só (unidade), os diferentes acôrdos ou convenções,

[142] Pontes de Miranda, *Tratado de direito privado*, v. XXV [1. ed.] Rio de Janeiro, Borsoi, 1959, p. 162-163.

[143] Pontes de Miranda, *Tratado de direito privado*, v. XXV [1. ed.] Rio de Janeiro, Borsoi, 1959, p. 163.

[144] Karl Larenz, *Derecho Civil*: Parte general, Madrid, Editorial Revista de Derecho Privado, 1978, p. 631-632.

que lhe integram o suporte fático, são elementos dêsse e, ocorrendo nulidade ou anulabilidade, pode ser invocado o art. 153 [atual art. 184] (...)"[145].

Para além disto, há de se atentar, ainda, à natureza abstrata de diversos atos e negócios de adimplemento. No que tange especificamente aos atos abstratos, é importante relatar, ainda que brevemente, o desenvolvimento da dogmática alemã. O BGB possui preceito semelhante ao art. 184 do Código Civil de 2002, inserto no § 139: "Si una parte de un negocio jurídico es nula, es nulo todo el negocio jurídico si no há de entenderse que sería celebrado incluso sin la parte nula"[146].

Como se observa, o § 139 (assim como seu homólogo brasileiro, o art. 184, e, em matéria de transação, o art. 848, ambos do Código Civil de 2002), refere-se a *parte* de um negócio jurídico e, pois, atine fundamentalmente aos negócios jurídicos unos[147]. Isto não impediu que, no sistema alemão, certa parte da doutrina buscasse, a partir do § 139, superar o princípio da abstração, o que suscitou diversas críticas. Como observa Larenz,

> "Es mui discutible el que pueda superarse el *principio de abstracción* (...), vigente por lo regular en los negocios de disposición, por medio de la admisión de una unidad negocial a tenor del artículo 139. Se afirma esta posibilidad por la doctrina predominante y, en principio, también por la jurisprudencia, pues aquí igualmente — se afirma — ha de decidir la voluntad de las partes (...). No obstante, dado que el negocio subyaciente y el negocio de cumplimiento real tienen *siempre mutua*

[145] Pontes de Miranda, *Tratado de direito privado*, v. III [1. ed.] Rio de Janeiro, Borsoi, 1954, p. 189.

[146] Carlos Melon Infante, *Código civil aleman* (BGB), Barcelona, Bosch [1994] p. 27.

[147] Como observa Larenz, "Solamente cabe hablar de un negocio jurídico complejo y de una «parte» del negocio jurídico cuando en la declaración de una de las partes o de ambas se trata, en conjunto, de un negocio jurídico unitario y no de varios negocios jurídicos independientes" (*Derecho Civil*: Parte general, Madrid, Editorial Revista de Derecho Privado, 1978, p. 628).

Cabe ressaltar contudo que, se o referido artigo incide sobre *um* dado negócio jurídico (unitário), restariam em princípio excluídas não apenas a pluralidade de "negocios jurídicos independientes" mas, também, em princípio, as uniões de negócios jurídicos, em que a "falha" de um negócio pode *atingir* (não necessariamente *contagiar*, com o mesmo vício) o outro.

> relación en el aspecto económico y precisamente en los negocios de la vida diaria las partes carecen, las más veces, del conocimento de la diferencia entre ambos, en la mayoría de los casos se llegaría por ese medio a que la nulidad del negocio subyaciente comportara también la del negocio de cumplimiento, esto es, se eliminaría practicamente el principio de la abstracción. (...). Flume está en lo cierto quando dice: «La aplicación del artículo 139 al objeto de eliminar el principio de la abstración infringe evidentemente el derecho vigiente»"[148].

De nossa parte, observamos que o princípio de abstração a que Larenz se refere vige para diversos negócios de disposição, quer reais quer não, o que torna inadequada a referência, apenas, a negócios reais, como ocorre supra.

Do que se expôs, resulta difícil admitir-se a *contagiação* (*ex vi* dos arts. 184 e 848 do novo Código Civil) dos negócios de adimplemento pela invalidade (ou ineficácia) do contrato obrigacional subjacente. Já se verá, contudo, como estes critérios são de manifesta insuficiência para a transação, que se pode concluir, segundo nos parece, como um contrato ou como união de negócios jurídicos. Observara Pontes de Miranda, com efeito, que "O art. 153, 1ª parte [do Código Civil de 1916], nada tem com os negócios jurídicos unidos (com dependência unilateral, ou bilateral, ou com alternativa), *a fortiori* se apenas externa a união"[149]. O mesmo autor, não será exagero lembrar, reconduzira o art. 1.026 do Código Civil de 1.916 (reproduzido no art. 848 do Código Civil de 2002) a este preceito da parte geral, como uma aplicação particular deste.

Estas as principais observações concernentes ao modelo do contrato obrigacional, as quais servirão, quando menos, para comparação a outros modelos, que melhor se adeqüem à disciplina positiva da figura.

3. Contrato e união de negócios jurídicos

Neste item, após haver-se analisado as possíveis vicissitudes de um contrato obrigacional voltado à extinção da controvérsia, intenta-se analisar,

[148] Karl Larenz, *Derecho Civil*: Parte general, Madrid, Editorial Revista de Derecho Privado, 1978, p. 630.

[149] Pontes de Miranda, *Tratado de direito privado*, v. III [1. ed.] Rio de Janeiro, Borsoi, 1954, p. 195.

com maior detalhe, os modelos jurídicos em que se plasma a transação, indicando, quando tal se fizer necessário, os problemas relativos à disciplina jurídica destes modelos.

Para tanto, constituem importantes pontos de partida as normas que evidenciam qual o conteúdo, ou o possível conteúdo, da transação. Assim, sabe-se ser possível que a transação contenha promessas de prestação (argumento *ex* art. 847, que admite, na transação, a pena convencional); como é possível haver, nela, o reconhecimento de determinada posição jurídica (art. 843) ou, ainda, a extinção de determinada posição jurídica (argumento *ex* art. 845, que se reporta a "obrigação extinta pela transação").

Para a análise destes modelos, busca-se primeiro verificar em que medida a transação, tal como resulta descrita no Código Civil, admite a inclusão de promessas de prestação; posteriormente, analisam-se os diversos negócios (ou disposições) que podem figurar na transação, e pelos quais se dá a extinção da controvérsia. A partir daí se podem tecer algumas observações sobre a conclusão da transação como um contrato ou como união de negócios jurídicos, verificando qual o impacto destes modelos relativamente à disciplina da figura (notadamente, no que se refere à regra da contagiação e à resolução por inadimplemento).

3.1. Transação e constituição de obrigações.

A transação pode ser dita "contrato de direito das obrigações" à medida em que se revele constitutiva, modificativa ou extintiva de posições jurídicas pessoais, mais especificamente, de posições jurídicas de direito das obrigações. Uma semelhante classificação, contudo, pouco ou nada revela acerca do conteúdo da transação, sendo, no ponto, de pouca valia. É este conteúdo que compete, ora, determinar.

Esta análise se pode iniciar por aquelas concepções que ressaltaram o que havia, na transação, de criação de obrigações (promessas de prestação, inclusive promessas de conclusão de negócios jurídicos), uma vez que semelhantes concepções suscitaram críticas importantes e, na esteira destas, o desenvolvimento de ulteriores análises a respeito do conteúdo da transação.

Pode-se vislumbrar, em princípio, a inclusão de disposições obrigacionais na transação: o art. 840 do Código Civil (art. 1.025 do Código

Civil de 1916) é de molde a admitir *quaisquer* concessões (uma das quais, ao menos, se há de referir ao objeto da controvérsia), restando contudo verificar-se, quanto a este ponto, em que medida a figura, tal como resulta dos arts. 840-850, permite a inclusão de obrigações. Para além disto, o art. 847 (art. 1.034 do Código Civil de 1916) é explícito em admitir, na transação, a pena convencional, que é referida, fundamentalmente, ao inadimplemento ou mora no cumprimento das obrigações (art. 408 do novo Código Civil; cf. art. 917 do Código Civil de 1916)[150]. O que não implica, à evidência, considerar-se a transação um contrato única, ou precipuamente, constitutivo de obrigações, nem permite responder-se a outra questão, que é a de se saber em que medida ou em que casos se pode admitir, na transação, a previsão de obrigações.

Como visto, manifestou-se durante certo período, na Alemanha, a tendência a ressaltar, na transação, a eficácia constitutiva de obrigações. Larenz, ao buscar descrever a "doutrina [então] dominante" na Alemanha (doutrina que ele, no ponto, critica acerbamente), anotou: "Construye ésta la transacción estrictamente como un contrato *únicamente obligatorio*, que en forma alguna crea o incluye actos dispositivos; de ahí que no modifique la relación de deuda, sino que únicamente obligue a ello a las partes, las cuales han de efectuar 'actos de ejecución' necesarios, p. ej. declaraciones de reconocimiento o renuncia"[151], atribuindo uma semelhante opinião a Titze, Esser, Leonhard e Enneccerus-Lehmann[152].

Enneccerus-Lehmann, é certo, anotam que "La transacción es un contrato *obligatorio* bilateral (y por tanto también oneroso y causal) y que, por tanto, debe diferenciarse jurídicamente de los contratos reales (y abstractos) mediante los quales aquél es ejecutado (transmisión, cesión, remisión de deuda)"[153]. Neste passo, os autores extremam a transação de determinados negócios jurídicos ("reais e abstratos", afir-

[150] "Pena convencional", como a refere o citado art. 847, é forma sinônima de cláusula penal, como o demonstra, expressamente, o art. 416 do Código Civil de 2002.

[151] Karl Larenz, *Derecho de obligaciones*, v. I, Madrid, Editorial Revista de Derecho Privado, 1958, p. 138.

[152] Karl Larenz, *Derecho de obligaciones*, v. I, Madrid, Editorial Revista de Derecho Privado, 1958, p. 138, nota n. 17.

[153] L. Enneccerus-H. Lehmann, Derecho de obligaciones, ***in*** Enneccerus-Kipp-Wolff, *Tratado de derecho civil*, t. II, v. 2º, 2ª parte, Barcelona, Bosch, 1966, p. 851.

mam) que se põem, em relação àquela, como negócios de execução ou de adimplemento, figurando, na transação, apenas as obrigações de concluírem-se estes determinados negócios. É de se verificar, contudo, se tais autores realmente conceberam a transação, apenas, como contrato constitutivo de obrigações (notadamente, obrigações de celebração de outros negócios jurídicos)[154].

[154] Enneccerus-Lehmann, com efeito, ao tratarem dos elementos da transação, em especial da eliminação da "incerteza" mediante concessões recíprocas, observam que "se entienden por tales las concesiones recíprocas de qualquier clase" (Derecho de obligaciones, *in* Enneccerus-Kipp-Wolff, *Tratado de derecho civil*, t. II, v. 2º, 2ª parte, Barcelona, Bosch, 1966, p. 850), passando, em seguida, a exemplificar: "La pretensión incierta, por ejemplo, es reconocida en parte como existente, en parte como no existente, o bien se reconoce que existe en su totalidad (o que no existe en absoluto) prometiéndose a cambio una contraprestación. La concesión hecha por una de las partes puede consistir tambiém en una alteración de la relación jurídica, por ejemplo, en una espera o la concesión de pagos parciales, en la reducción del tipo de interés, en atribuir un derecho a resolver (...)" (Derecho de obligaciones, *in* Enneccerus-Kipp-Wolff, *Tratado de derecho civil*, t. II, v. 2º, 2ª parte, *cit.*, p. 850-851). Neste ponto, referem-se os autores ao reconhecimento e à modificação ("alteración") da anterior relação jurídica, sem contudo observarem, em momento algum, que estas concessões estariam, apenas, *in obligatione*. E, logo em seguida, ao se referirem à transação como "contrato *obligatorio* bilateral", extremaram-na, apenas, de negócios "reais e abstratos" de adimplemento (incluindo aí, contudo, a cessão e a remissão de dívida), sem mencionar, pois, o reconhecimento ou a modificação da relação jurídica. Uma possível explicação seria a de que que os referidos negócios são bilaterais (contratuais) e, comumente, de direito das obrigações (i.e., não reais), podendo, pois, serem concluídos imediatamente, como *disposições* do contrato de transação, sem ser razoável estabelecer, como princípio, que semelhantes negócios se devem, apenas, prever *in obligatione*. A respeito destas concessões cabe notar que (i) o § 305 do BGB estabelece que a modificação da relação obrigacional se fará mediante contrato; e (ii) o § 397 do BGB prevê o reconhecimento negativo, também mediante contrato, de uma relação obrigacional. Em relação ao "reconhecimento" (não, apenas, ao reconhecimento negativo), é possível que Enneccerus-Lehmann hajam pretendido, no ponto, referir o "*contrato* de constatación" que Rümelin identificara, e com o qual não se quer estabelecer um novo crédito, (como se dá com o reconhecimento abstrato de dívida, previsto no § 781 do BGB), mas sim "se constata la misma relación antigua en alguno o, incluso, en todos sus aspectos" (Derecho de obligaciones, *in* Enneccerus-Kipp-Wolff, *Tratado de derecho civil*, t. II, v. 2º, 2ª parte, *cit.*, p. 877), pois, como anotam os autores, exemplo de um semelhante contrato é, sobretudo, *a transação*, sem excluir, contudo, a possibilidade de um "contrato de constatación" unilateral, i.e., sem a ocorrência de concessões recíprocas (cf. Derecho de obligaciones, *in* Enneccerus-Kipp-Wolff, *Tratado de derecho civil*, t. II, v. 2º, 2ª parte, *cit.*, p. 877).

Quanto a este ponto, parece, em verdade, que a construção atribuída por Larenz à "doutrina dominante" se afigura, quando menos, desconforme (ou não totalmente conforme) às concepções de Enneccerus-Lehmann. É de se considerar, contudo, a hipótese de que Larenz haja pretendido desenvolver determinadas afirmações (quiçá algo difusas pela doutrina comum da época), como a de que a transação é contrato "obrigacional" (no sentido de constitutivo de obrigações) e bilateral

É de se notar contudo que, se corretas estas observações, resultaria incorreto definir, *tout court*, a transação quer como "contrato", quer, mais especificamente, como "contrato *obligatorio*" (no sentido de contrato, apenas, constitutivo de obrigações; *aliter* se, algo imprecisamente, se entende que o termo indica ser a transação um contrato "de direito das obrigações"), quer como "contrato bilateral". Tal se daria, para seguir-se na ordem de idéias de Enneccerus-Lehmann, se tais concessões fossem, todas, negócios jurídicos reais (como se, *v.g.*, se promete a remissão da dívida litigiosa contra a alienação de determinado bem, que vai prometida no contrato). Contudo, nada impede que a remissão se conclua na transação mesma, sendo ainda de criticar-se a concepção que nela vislumbra um negócio jurídico *real*; idem, para a "cessão", ou, especificamente, para a cessão de créditos. Na transação, em verdade, pode haver obrigações a cargo de ambas as partes, ou de apenas uma, ou de nehuma delas. É possível, com efeito, que as concessões recíprocas que a figura exige hajam ocorrido já no próprio "contrato de constatación", como se, *v.g.*, se "constata" a dívida, sobre cujo valor se controvertia, em montante *intermediário* entre o mais baixo, sustentado pelo devedor, e o mais alto, sustentado pelo credor.
Verifica-se, pois, ser incorreto classificar-se "a transação" (i.e., toda a transação) como um negócio puramente obrigacional ou, mais ainda, bilateral. Restaria, contudo, outro problema a apontar-se, que é o de se considerar a transação, *tout court*, como um contrato. Com efeito, a conclusão simultânea de diversas prestações, todas perpassadas pela causa da transação, pode impedir que se vislumbre, na figura, *um contrato* (ainda quando, eventualmente, determinadas concessões revistam-se, individualmente, de natureza contratual). É possível, como o recordou o próprio Enneccerus, que uma transação seja concluída pelo reconhecimento de determinada "pretensão" alegada por uma parte (ou pelo seu reconhecimento negativo, i.e., o reconhecimento de que não existe aquela alegada pretensão) contra determinada promessa de prestação (imagine-se, *v.g.*, a promessa de prestação de determinado bem). Ora, quer-nos parecer que, em semelhante caso, o que há não é um contrato, mas, sim, dois negócios jurídicos distintos, o reconhecimento (negócio jurídico de fixação), e a promessa de prestação, unidos em dependência recíproca. Por outras palavras, ainda que os figurantes desejassem uma e outra prestação apenas no conjunto, sendo uno também o fim econômico a que se destinam (extinção da controvérsia), estas circunstâncias não são, ou podem não ser, *de per si*, suficientes à composição de um único negócio (um contrato). Podem levar, apenas, à determinação de uma união de negócios jurídicos, quando as prestações, que constituem, em si, negócios perfeitamente individualizáveis, pareçam manter esta individualidade. Cf. o item 3.3. *infra*.

(determinando obrigações para ambas as partes), para então lhes tecer as respectivas (e justas) críticas. Contudo, para a análise sistemática da figura, é necessário verificar em que medida se pode incluir, na transação, cláusulas constitutivas de obrigação.

Prima facie, as obrigações podem figurar, na chamada "transação mista"[155], relativamente àquelas concessões *estranhas* ao objeto da controvérsia (e, portanto, não voltadas, diretamente, à extinção desta). Assim, a transação pode comportar promessas de transmissão de direitos sobre bens, ou, mais amplamente, promessas de cessão de direitos. Pode haver ainda, como consideram Enneccerus-Lehmann, promessa de remissão, a qual, caberia observar, não necessariamente se refere à dívida (eventualmente) objeto de controvérsia; pode referir-se a *outra* dívida, a ser, total ou parcialmente, extinta. Caberia mencionar, ainda, as promessas de constituição ou de modificação de direitos. *Podem* figurar; pois a constituição ou modificação de determinada relação jurídica, a cessão de crédito, e a remissão de dívida se poderiam também concluir, desde logo, na transação mesma. Aliás, mesmo a transmissão de bens imóveis não supõe a necessidade de qualquer anterior momento obrigacional, sendo possível incluir-se, desde logo, na transação, o acordo de transmissão do bem em tela. No que tange à transmissão de bens móveis, a regra será prever-se o dever de sua transmissão, o que se dará pela subseqüente tradição, salvas as hipóteses, menos freqüentes, do art. 1.267, § único, do Código Civil de 2002 (constituto possessório, de que também tratava o art. 620 do Código Civil de 1916; cessão da pretensão à entrega; ou quando o adquirente já está na posse da coisa, por ocasião do negócio jurídico)[156]. A única questão que pode surgir, a partir da inclusão destas concessões diretamente na transação, é que esta já não se constitua como um contrato, mas como união de negócios jurídicos, podendo suscitar algumas questões quanto à sua disciplina jurídica.

As dificuldades surgem, contudo, quando se trata de disposições concernentes à extinção da controvérsia. A este respeito, e como visto,

[155] Como visto, é criticável denominar-se "transação mista" um semelhante negócio. Cf. *supra*, Capítulo 1, item 1.2.3.2., nota n. 52.

[156] É de se notar, contudo, que semelhantes concessões, estranhas ao objeto da controvérsia, não necessariamente serão estranhas à relação jurídica atingida pela controvérsia. Pode darse, *v.g.*, que a concessão de um dos figurantes consista, exatamente, na assunção de deveres acessórios no âmbito desta mesma relação jurídica.

parece defluir do próprio art. 840 (art. 1.025 do Código Civil de 1916) que as concessões mútuas *extinguem* a controvérsia (*verbis*: "É lícito aos interessados prevenirem ou terminarem o litígio mediante concessões mútuas"). Despiciendo recordar mais uma vez, neste ponto, as críticas de Carnelutti.

Há de se verificar, contudo, qual o significado desta definição. Com efeito, *quid inde*, se uma das disposições, dirigida à extinção da controvérsia, é, apenas, prevista *in obligatione*? Estaria excluída a possibilidade de se classificar tal figura como transação (com o que toda a disciplina da figura se haveria de estabelecer, apenas, a partir das regras gerais do código, ou, quando possível, *per analogiam*, a partir das disposições relativas à transação)? Ou, ao contrário, é possível analisar tal definição não sob perspectiva rigidamente conceptual (como o indicaria a solução anterior), mas sim *tipológica*, possibilitando-se, quiçá, *reconduzir* este negócio à transação? Esta, parece-nos é a primeira solução que se deve intentar. No limite, seria assim possível, pois, conceder (quando menos, em vista das inúmeras circunstâncias que podem apresentar os diversos casos concretos) alguma flexibilidade ao modelo, tal como ele parece resultar do art. 840, e admitir a previsão, *in obligatione*, de algum negócio voltado à composição da situação jurídica controversa.

No direito brasileiro, Pontes de Miranda proclama, em mais de uma passagem, ser a transação um contrato obrigacional e bilateral[157], procurando dessumir, a partir do artigo 1.027 do Código Civil de 1916, argumentos favoráveis à sua posição. Cabe ora examinar a procedência destes argumentos, tanto mais que o preceito do art. 1.027 do anterior Código Civil foi reproduzido no Código Civil de 2002.

O art. 843 do Código Civil de 2002, que essencialmente reproduz o art. 1.027 do anterior código, estabelece que "A transação interpreta-se restritivamente, e por ela não se transmitem, apenas se declaram ou se reconhecem direitos". A respeito do art. 1.027, anotara Pontes de Miranda:

> "A transação, já antes foi dito, é contrato bilateral, *obrigacional*, oneroso, causal, que de modo nenhum se confunde com os contratos reais

[157] Cf. Pontes de Miranda, *Tratado de direito privado*, v. XXV [1. ed.] Rio de Janeiro, Borsoi, 1959, p. 133 e 166. É certo que a obra revela, noutras passagens, considerações relativas à modificação da situação jurídica anterior, em face das quais cabe reexaminar esta afirmação. Cf., *ad exemplum*, *Tratado de direito privado*, v. XXV *cit.*, p. 132.

> e abstratos mediante os quais se haja de *cumprir* a transação. Quando o art. 1.027 disse que pela transação 'não se transmitem' direitos, noutros termos poderia dizer que o contrato de transação é negócio jurídico de direito das obrigações, e não de direito das coisas, e, ainda mais, não translativo (cessão de direitos). Na transação, prometem-se ceder, não se cedem direitos; prometem-se remitir, não se remitem dívidas; promete-se transmitir direitos sôbre bens, não se transmitem"[158].

A primeira observação, a excluir que a transação se conceba como um contrato *puramente* obrigacional, deflui dos próprios termos do artigo (como também ocorria com o art. 1.027 do Código Civil de 1916): pela transação, *reconhecem-se*, declaram-se, direitos. Daí observar Pontes de Miranda que a transação "promete transmitir [ou remitir, ou ceder], ou concede reconhecimento"[159]. Trata-se, aliás, de negócio voltado à extinção da controvérsia e que, portanto, à vista da função que a transação deve desempenhar, deve figurar nela mesma, e não, apenas, *in obligatione*.

Já se examinou, precedentemente, em que medida se pode admitir, na transação, meras promessas de prestação. E, a este respeito, cabem duas considerações: (i) a admissibilidade de semelhantes obrigações (promessas de prestação) não deriva do preceito do art. 843 do novo Código Civil (idem, para o art. 1.027 do Código Civil anterior); trata-se de espaço de autonomia privada na composição do negócio jurídico, conforme o permita a figura; e (ii) o art. 843 não contém regra sobre a estrutura do contrato de transação. Com efeito, ao estatuir que, pela transação, não se transmitem direitos, o que em verdade estabelece (ou antes, *explicita*) é que a transmissão apenas se pode dar pelos modos estabelecidos no ordenamento; a transação não constitui, em si, nenhum modo de transmissão, nem exerce eficácia translativa. Idem para o reconhecimento, que o código parece vislumbrar contido na transação, integrando-a. É possível ao figurante reconhecer, contra si, a existência de alguma posição jurídica, hipótese em que, parece-nos, o reconhecimento poderá exercer eficácia modificativa ou, no limite, constitutiva

[158] Pontes de Miranda, *Tratado de direito privado*, v. XXV [1. ed.] Rio de Janeiro, Borsoi, 1959, p. 166.

[159] Pontes de Miranda, *Tratado de direito privado*, v. XXV [1. ed.] Rio de Janeiro, Borsoi, 1959, p. 166.

(no que divergir o reconhecimento da situação jurídica anterior). Contudo, se se trata de reconhecer alguém como titular de um direito, um semelhante reconhecimento poderá determinar, no máximo, a extinção das posições jurídicas de que era titular o próprio reconhecente; nunca, porém, investir o beneficiário daquela declaração na titularidade daquela posição jurídica (para um tal efeito, se haveria de observar os modos de transmissão previstos no ordenamento, para além, por óbvio, da existência de poder de transmissão)[160]. Quem reconhece alguém como titular de determinado bem, não lhe outorga, com isto, nenhum ulterior direito sobre a coisa; deixa-o com os direitos que têm, ou alega ter. Este, parece- nos, o sentido do art. 843.

Destarte, os atos referidos por Pontes de Miranda (cessão, remissão de dívida) tanto podem ser previstos *in obligatione*, como negócios de adimplemento, como podem figurar, diretamente, na transação, como disposições especiais desta, surgindo contudo a questão de se determinar se, *in concreto*, concluiu-se um contrato ou uma união de negócios jurídicos.

Cabe ainda, na matéria, analisar o art. 845 do Código Civil (art. 1.032 do Código Civil de 1916), a teor do qual "Dada a evicção da coisa renunciada por um dos transigentes, ou por ele transferida à outra parte, não revive a obrigação extinta pela transação". Ao se referir o artigo a "obrigação extinta pela transação", evidencia-se a idéia de que a extinção da obrigação (se é o caso) se há de operar na, e pela, transação (inclusive, em razão mesma da função atribuída a este negócio, se se trata de extinção de obrigação sobre que versa a controvérsia)[161].

[160] Esta regra geral, pensamos, pode comportar algumas exceções: *quid inde*, se o titular do direito reconhece, vinculativamente e pela forma exigida ao ato, haver cedido à contraparte a pretensão à entrega de bem móvel (art. 1267, § único, do Código Civil), ou haver transmitido a B, *constituti causa*, determinado bem móvel? Quer-nos parecer que o reconhecimento, podendo determinar eficácia constitutiva, pode determinar a transmissão nos casos em que esta seja consensual, ou esteja subentendida a determinado ato jurídico.

[161] Como se verificou, os negócios destinados à extinção da controvérsia devem, em princípio, integrar a transação, e não serem previstos *in obligatione*. Isto não significa contudo que, em determinadas hipóteses, a extinção da controvérsia não se possa dar, exatamente (e à parte os casos em que o negócio de fixação possa constituir determinada obrigação), pela assunção de uma nova obrigação. Imagine-se que A e B divergem acerca do conteúdo de determinado dever (cogite-se de um dever acessório, para facilitar o exemplo). A controvérsia se pode encerrar pela extinção deste dever, e sua substituição por outro, distinto.

3.2. Disposições modificativas, recognitivas e extintivas na transação.

Neste item, cabe apresentar, ainda que sumariamente, as disposições que se podem inserir na transação, para extinção da controvérsia, com destaque para a remissão, as renúncias e o reconhecimento (em verdade, negócios jurídicos de fixação). O Código Civil de 1916 disciplinava, expressamente, a remissão mediante entrega, pelo credor, do título da obrigação, a qual "prova a desoneração (...), se o credor for capaz de alienar, e o devedor, capaz de adquirir" (art. 1.053 do Código Civil de 1916). Como observa Pontes de Miranda, "O art. 1.053 do Código Civil, pois que não exige capacidade contratual do devedor, salvo para adquirir, mostra que, fora dos casos em que êle não pode adquirir (= não a pode liberar), a remissão pode ser unilateral"[162]. Não se excluía, com isto, que a autonomia privada pudesse fazer bilateral (contratual) a remissão de dívida: "A remissão de dívida pode ser, no direito brasileiro, unilateral ou bilateral; *aliter*, noutros sistemas jurídicos, em que é sempre contrato (*e.g.*, Código Civil alemão, § 397; suíço, art. 115, cp. art. 577, que é caso de repúdio)"[163]. Já se pode notar, pois, como é controversa, ao menos desde o século XIX, a natureza da remissão[164].

[162] Pontes de Miranda, *Tratado de direito privado*, v. XXXI, 2. ed., Rio de Janeiro, Borsoi, 1961, p. 59. Cf., ainda, Antunes Varela, *Direito das obrigações*, v. II, Rio de Janeiro, Forense, 1979, p. 265.

Lacerda de Almeida, é certo, sustentara, nos primórdios do Código Civil de 1916, que a remissão se haveria de concluir mediante contrato (*Obrigações*, 2. ed., Rio de Janeiro, Revista dos Tribunaes, 1916, p. 351-352, especialmente nota n. 4). Mas os termos do art. 1.053 impunham-se, e o autor, em comentários posteriores ao mesmo artigo, anota que "A remissão se faz por acto voluntativo do credor, pura e simplesmente" (*Dos effeitos das obrigações*, Rio de Janeiro, Freitas Bastos, 1934, p. 332).

[163] Pontes de Miranda, *Tratado de direito privado*, v. III [1. ed.] Rio de Janeiro, Borsoi, 1954, p. 152.

Sobre o § 397 do BGB, observa Pontes de Miranda: "Foi pena que o Código Civil alemão não se tivesse inspirado no velho direito germânico, que admitia a remissão unilateral, a renúncia (...). Tanto mais quanto essa concepção é a que corresponde à consciência jurídica de hoje (...). O legislador alemão foi vítima do Allgemeines Landrecht prussiano, I, 16, § 388, e das doutrinas do direito comum" (*Tratado de direito privado*, v. XXXI, 2.ed., Rio de Janeiro, Borsoi, 1961, p. 51). A Pontes de Miranda parecia que mesmo os termos peremptórios do § 397 não autorizavam, por si só, a interpretação *a contrario sensu*, que faria inadmissível a remissão unilateral, mas semelhante concepção, ao que parece, não prevaleceu na Alemanha (cf. *Tratado de direito privado*, v. XXXI *cit.*, p. 50).

[164] O princípio primeiro fosse, talvez (ao menos nas legislações modernas), o do ato jurídico unilateral. Assim o art. 1.282 do Código Civil Francês. Karl Larenz também observara que "Generalmente para renunciar a un derecho basta una actuación negocial unilateral (...) del titular del mismo. Por ello es sorprendente que la ley exija para la renuncia eficaz de un crédito que sea hecha en un *contrato*" (*Derecho de obligaciones*, v. I, Madrid, Editorial Revista de Derecho Privado, p. 439). Observa, porém, que o BGB havia estabelecido a bilateralização "com sólido fundamento": "Al pronto ello demuestra que el crédito no es derecho de soberanía (...), en virtud del qual el deudor estaría sometido unilateralmente a la voluntad del titular del crédito, sino un vínculo ético: una facultad que es de otra persona en el reverso de la obligación. El acreedor no puede liberar al deudor de su obligación sin el consentimiento del mismo, ya que el primero no puede, naturalmente, sobreponerse a la posible voluntad del deudor de cumplir su obligación" (*Derecho de obligaciones*, v. I *cit.*, p. 439-440). Contudo, e malgrado o vínculo ético que se haja estabelecido entre credor e devedor, a bilateralização radical representa solução exagerada: "Ciertamente hubiera bastado que la ley, en forma análoga que en el caso del § 333, hubiere concedido al deudor el derecho de rechazar la condonación de su deuda; exigir precisamente la celebración de un contrato quizá no sea de ajustarse completamente a la situación de hecho" (*Derecho de obligaciones*, v. I *cit.*, p. 440).
De se destacar, por primeiro, as dificuldades surgidas desta contratualização forçada da remissão. Larenz duvidava da adequação do esquema contratual à situação de fato. Freqüentemente, não haverá aceitação expressa. Seria possível, contudo, vislumbrar-se, na generalidade dos casos, aceitação *tácita*? Deve-se observar que a manifestação tácita é aquela que permite, com certeza, dessumir de um ato, ou de um determinado conjunto de atos, que a oferta foi aceita — como se, *v.g.*, o receptor de uma remissão comporta-se como estando extinta a dívida. Contudo, um semelhante comportamento, por parte do (antigo) devedor, denotaria, sempre, aceitação tácita? Pode dar-se que o devedor assuma este comportamento apenas por considerar a remissão como um fato já consumado, sequer figurando a possibilidade de um semelhante negócio ser aceito, ou não ser aceito. Deve-se atentar ainda, na matéria, ao art. 432 do Código Civil de 2002 (art. 1.084 do Código Civil de 1916), relativo ao silêncio — sobre este artigo, cf. nota n. 166 *infra*.
Por certo, deve-se ressaltar o "conteúdo ético" das diversas relações jurídicas, o "vínculo ético" que há de correr entre os sujeitos da relação. Extrair-se daí, contudo, que haja de ser bilateral a remissão é exagero evidente. A remissão não é dirigida, necessariamente, a satisfazer um interesse do (antigo) devedor. Pode corresponder, apenas, ao eventual "interesse do sujeito [credor] a não ser constrangido a valer-se do próprio crédito" (C. Massimo Bianca, L' obbligazione, *in Diritto Civile*, v. IV, Milano, Giuffrè [1999] p. 470. O autor alude ao "interesse del soggetto [credor] a non essere costretto ad avvalersi del proprio credito"). Sob esta perspectiva, já seria de admitir-se a remissão como ato unilateral, mormente se não causa prejuízo ao devedor. De qualquer forma, e a despeito dos interesses que a remissão deva servir, é possível considerar-se que o princípio da incolumidade das esferas jurídicas existe para *proteção* dos sujeitos de direito, com o que "Pode se admitir, ao invés, que o negócio incida diretamente sobre a esfera jurídica alheia quando o efeito seja *insuscetível de prejuízo pessoal*

O Código Civil de 2002 apresenta um quadro bem mais complexo. Reproduz, no art. 386, o preceito do art. 1.053 do anterior Código Civil, em que era patente a unilateralidade da remissão. Contudo, estabelece, no art. 385, que "A remissão de dívida, aceita pelo devedor, extingue a obrigação (...)". Destarte, o artigo estabeleceu, *prima facie*, a necessária bilateralização da figura[165], [166] (salva a hipótese do art. 386; quiçá, tam-

e patrimonial" (C. Massimo Bianca, Il contratto, *in Diritto Civile*, v. III, 2. ed., Milano, Giuffrè, 2000, p. 13. No original: "Può ammettersi invece che il negozio incida direttamente sulla sfera giuridica altrui quando l' effetto sia *insuscettibile di pregiudizio personale e patrimoniale*"), bastando, para resguardar a liberdade do sujeito passivo de não receber um benefício que não deseje, conceder-lhe um poder de recusa, com eficácia *ex tunc*.
Esta aliás, em síntese, a solução dada pelo art. 1.236 do *Codice Civile* italiano, a teor do qual a remissão extingue a dívida, se o devedor não comunica ao credor, "in un congruo termine", sua recusa da remissão. A remissão, pois, é entendida como ato unilateral do credor, que irradia, desde logo, eficácia *provisória* (cf. C. Massimo Bianca, L' obbligazione, *in Diritto Civile*, v. IV, Milano, Giuffrè [1999] p. 476), a que se pode opor outro ato unilateral, desta vez do devedor, a recusa (*rifiuto*), o qual "remove o efeito extintivo da remissão restabelecendo a existência da relação obrigacional sem solução de continuidade" (C. Massimo Bianca, L' obbligazione, *in Diritto Civile*, v. IV, Milano, Giuffrè [1999] p. 476, *verbis*: "rimuove l' effetto estintivo della remissione ristabilendo l' esistenza del rapporto obbligatorio senza soluzione di continuità"). É importante esta concepção de eficácia provisória, porquanto se pode, por esta via, admitir que o *rifiuto* seja eficaz não apenas em face do devedor, mas também de terceiros garantidores da obrigação (que, até o momento em que se verificasse a decadência deste poder de "rifiuto", não se haveriam liberado), cabendo contudo perguntar se uma semelhante eficácia provisória consiste, desde logo, em eficácia extintiva (não definitiva todavia), ou, simplesmente, no encobrimento da obrigação (o que, talvez, permita solução mais harmônica que a idéia de revivescência da relação jurídica anterior). Também se poderia conceber a remissão como negócio jurídico unilateral de eficácia suspensa, a irradiar-se tão logo se esgote, sem a comunicação do *rifiuto*, o "congruo termine" a que se refere o art. 1.236. Num caso como noutro, parece-nos, a (eventual!) vontade do devedor não estaria ligada, diretamente, à remissão, como eventual fator de eficácia desta. Ainda que o devedor manifestasse aceitar a remissão, o que se daria, em verdade, com semelhante declaração, é a decadência do seu poder de *rifiuto*, passando a remissão, por conseqüência, a irradiar, de imediato, sua própria eficácia definitiva. Esta observação é importante, porquanto serve a demonstrar que a vontade do devedor não se ligaria, diretamente, à remissão ou sua eficácia (não havendo, pois, necessária bilateralização da manifestação de vontade).

[165] Salvo se pudesse admitir, em interpretação literal do preceito, que a "aceitação", a que se refere o Código, não é elemento nuclear da remissão, mas sim um fator de eficácia do negócio, com o que se manteria seu caráter unilateral. É de se observar, contudo, que uma semelhante interpretação em muito se afasta das concepções correntes em matéria de negócios jurídicos unilaterais.

bém outras, que a prática jurídica pode revelar como, *v.g.*, a remissão pela destruição, praticada pelo credor, do título da dívida — hipóteses estas que revelam, ademais, seja o sistema imperfeito do Código, seja o abuso de contratualizar-se, forçadamente, a remissão).

Neste ponto, aliás, cabe observar que a remissão não será abstrata, mas parte de um contrato causal de transação, ou de modificação da relação obrigacional. Como observa Larenz,

> "(...) el 'carácter abstracto' del contrato de remisión es aplicable solo al *contrato independiente de condonación* que no sea parte integrante de un contrato modificativo de la relación obligatoria como un todo. Es muy frecuente que la condonación total o parcial o el reconocimiento negativo constituyan parte integrante de un contrato de modificación o de una transacción (...). Según la doctrina dominante, que admite también para estos casos el carácter abstracto del contrato de remisión, cuando la transación fuese ineficaz a tenor del § 779 [do BGB], la remisión verificada mediante una transacción a través de un negocio dispositivo independiente seguiría siendo eficaz, pero con la limitación derivada de su causa jurídica defectuosa. En nuestra opínión, por el contrario, la condonación en este caso no es ningún negocio de disposición independiente, sino parte de la transación en que directamente es modificado el contenido de la relación obligatoria; implicando todo ello, por tanto, una disposición de ambas partes sobre la relación obligatoria como un todo. Y según lo dicho, cuando la transación es ineficaz quedará igualmente sin efecto la condonación

[166] Caberia ainda analisar a questão da aceitação tácita, a que nos referimos na nota n. 164 *supra*. Qual a solução se, em verdade, não há aceitação, sequer tácita, mas, simplesmente, ausência de recusa? Em negócios como a remissão, poderia incidir o art. 432 do Código Civil de 2002 (art. 1.084 do Código Civil de 1916) a teor do qual "Se o negócio for daqueles em que não seja costume a aceitação expressa, ou o proponente a tiver dispensado, reputar-se-á concluído o contrato, não chegando a tempo a recusa". Em verdade, este artigo, mais que se reportar a uma manifestação tácita, atribui um determinado valor ao silêncio, que serve, pois, à conclusão do contrato. Como observa Pontes de Miranda, "A lei criou significado típico, legal" (*Tratado de direito privado*, v. XXXVIII, 2.ed., Rio de Janeiro, Borsoi, 1972, p. 25). "As manifestações de vontade pelo silêncio, como se prevêem no art. 1.084 do Código Civil, não são manifestações de vontade em atos. Reputa-se concluído o negócio jurídico bilateral. O silêncio é falta de ato. A tacitude, *stricto sensu*, supõe atos que se tenham como manifestantes de vontade (...). O silêncio, não" (*Tratado de direito privado*, v. XXXVIII *cit.*, p. 25).

> contenida en ella o el reconocimiento negativo que contenga; la condonación o el reconocimiento negativo no tienen en esta hipótesis naturaleza 'abstracta', sino 'causal'"[167].

Já as renúncias são entendidas como negócios jurídicos unilaterais[168]. Destarte, seriam renunciáveis unilateralmente os direitos formativos (ditos, mais freqüentemente, potestativos) e as exceções, para além, certo, dos direitos reais e da herança. De notar-se que seria dificílimo vislumbrar, a respeito destas posições jurídicas (exceções, "poderes-direitos", ou direitos potestativos, e direitos reais), qualquer "vínculo ético" entre sujeitos ativo e passivo, que conduzisse (se possível) a eventual bilateralização da renúncia. Assim, os direitos potestativos estabelecem uma relação de sujeição entre seu titular e o pólo passivo da relação, que apenas lhe sofre os efeitos; os direitos reais, por seu turno, configuram direitos a sujeito passivo total, ou universal (segundo a chamada concepção personalista dos direitos reais), com o que qualquer idéia de bilateralização da renúncia seria absurda.

Quanto ao reconhecimento, deve-se, primeiramente, diferenciar três hipóteses distintas. Há o reconhecimento abstrato de dívida (BGB, § 781), que se versa em termos como "reconheço dever 1.000 a B", sem menção à causa. Semelhante reconhecimento se há de tratar, no sistema jurídico alemão, como a promessa abstrata de dívida, sendo um e outro, nos expressos termos dos §§ 780 e 781 do BGB, negócios jurídicos contratuais. Contudo, o "reconhecimento" pode comportar menção a uma situação jurídica anterior, razoavelmente precisa (*v.g.*, "reconheço dever 1.000 a B, em virtude do contrato de mútuo que celebramos"). Com relação a este ato, cabe uma ulterior distinção: pode ser que o declarante queria, apenas, *a-clarar*, *de-clarar* (pôr às claras) quais eram os termos da situação jurídica anterior, sem desejar, contudo, aportar-lhe qualquer modificação. E pode dar-se, ao contrário, que deseje vincular-se aos termos de sua declaração, resultando que a situação jurídica anterior será mantida, no que for conforme ao declarado, e alterada, no que a decla-

[167] Karl Larenz, *Derecho de obligaciones*, v. I, Madrid, Editorial Revista de Derecho Privado, p. 441-442.

[168] Pontes de Miranda, *Tratado de direito privado*, v. XXXI, 2. ed., Rio de Janeiro, Borsoi, 1961, p. 8, p. 25-27.

ração discrepar da situação jurídica anterior. Esta última hipótese talvez fosse melhor chamada de "negócio jurídico de fixação", uma vez que a situação das partes resulta estabelecida, i.e., *fixada* (declarada ou modificada) nos termos do negócio. Apenas este último, à evidência, pode satisfazer a finalidade de extinção da controvérsia; não já o primeiro, cuja discrepância, em relação à real situação jurídica anterior deve determinar algum tipo de sanção.

Pontes de Miranda parece tratar, fundamentalmente, da primeira destas figuras, admitindo seja concluída quer como negócio jurídico unilateral, quer como negócio jurídico bilateral[169].

[169] Cf. Pontes de Miranda, *Tratado de direito privado*, v. XXXI, 2. ed., Rio de Janeiro, Borsoi, 1961, p. 49-50. É de se notar, contudo, que o autor admite a unilateralidade ou bilateralidade da manifestação de vontade, *não já a do enunciado de fato* (i.e., da comunicação de conhecimento), que o autor considera, necessariamente, unilateral: "Na pesquisa científica da estrutura do negócio jurídico de reconhecimento, não se tem prestado atenção a ponto que é da maior relevância: a manifestação de vontade é bilateral, ela é que permite o acôrdo, um manifesta a sua vontade e o outro consente, acorda; não quanto ao enunciado de fato, à comunicação de conhecimento ("é", "não é"), porque, aí, a unilateralidade é essencial" (*Tratado de direito privado*, v. XXXI *cit.*, p. 43-44).

De notar-se, contudo, que o autor considera haver, no caso de bilateralização da manifestação de vontade, acordo, não contrato de reconhecimento: "Deve-se falar, em caso de bilateralização, de *acôrdo de reconhecimento*, e não de *contrato de reconhecimento*. Não se assume dívida, nem obrigação, nem se atribui ação ou exceção" (*Tratado de direito privado*, v. XXXI *cit.*, p. 44).

Contudo, uma vez que o autor chega a admitir a existência de "disposição eventual" se o reconhecimento, de que ora tratamos, se afasta da situação jurídica anterior (*Tratado de direito privado*, v. XXXI *cit.*, p. 47), quiçá fosse a conclusão necessária que, para a classificação deste reconhecimento como acordo (ao invés de contrato), importa antes a *vontade* (que era, apenas, a vontade de dar, à contraparte, uma declaração, não a de criar, modificar ou extinguir) que a efetiva manutenção, em todos os termos, da situação jurídica anterior. Melhor dizer-se, em atenção às concepções predominantes de negócio jurídico, que importa o fim, a função do ato, uma vez que "Qualquer atribuição patrimonial, que dêle resultasse como fim, o contradiria conceptualmente" (*Tratado de direito privado*, v. XXXI *cit.*, p. 44). Mas a concepção ponteana suscita, ainda, um ulterior problema: se se admite uma "disposição eventual", como o faz Pontes de Miranda, está-se a admitir que a declaração pode constituir (i.e., há, aí, algo mais que a declaração; há vinculação, aos termos da declaração, e posterior constituição, ainda que provisória — como se, *v.g.*, se entende que o negócio é anulável), e que, pois, o reconhecimento (ainda que extraordinariamente) não se reduz, ou pode não se reduzir, a pura dação de declaração. Nem adiantaria, no ponto, afirmar que, logicamente, há primeiro

A segunda figura (a que designamos "negócio jurídico de fixação") têm merecido a atenção de diversos autores. Parece-nos ser esta a figura a que Rümelin chamava "contrato de constatación"[170], figura de que se valem Enneccerus-Lehmann para explicarem a transação (ressalvando, contudo, a possibilidade de concluir-se um "contrato unilateral de constatación", sem o elemento das concessões recíprocas) e que von Tuhr chama, simplesmente, reconhecimento, atribuindo-lhe, claramente, natureza contratual[171]. Também Larenz apontou a existência de negócio semelhante[172].

a modificação e, posteriormente, a declaração, pois que seria sempre, *in casu*, um mesmo negócio a determinar ambos os efeitos.

170 Pelo "contrato de constatación" que Rümelin identificara, não se estabelece um novo crédito (como se dá com o reconhecimento abstrato de dívida, previsto no § 781 do BGB), mas sim "se constata la misma relación antigua en alguno o, incluso, en todos sus aspectos" (L. Enneccerus-H. Lehmann, Derecho de obligaciones, ***in*** Enneccerus-Kipp-Wolff, *Tratado de derecho civil*, t. II, v. 2º, 2ª parte, Barcelona, Bosch, 1966, p. 877), "constatación", esta, que parece ser vinculante e *definitiva*, pois que os autores anotam ser exemplo de um semelhante contrato a *transação*, sem excluir, contudo, a possibilidade de um "contrato de constatación" unilateral, i.e., sem a ocorrência de concessões recíprocas (L. Enneccerus-H. Lehmann, Derecho de obligaciones, ***in*** Enneccerus-Kipp-Wolff, *Tratado de derecho civil*, t. II, v. 2º, 2ª parte *cit.*, p. 877).

171 O autor, ao tratar do reconhecimento como declaração de vontade, define-o como a declaração que "fija los términes de una relación jurídica incierta o insegura, en su estado o alcance" (*Derecho civil* – teoría general del derecho civil alemán, v. III, t. I, Buenos Aires, Depalma, 1948, p. 280). "Pero como se trata de una situación incierta es posible que el resultado de la declaración difiera de la realidad; en este caso el reconocimiento entraña la voluntad de efectuar eventualmente una modificación jurídica, ya que en adelante debe considerarse como derecho lo que se reconoce, y no lo que existía antes del reconocimiento" (*Derecho civil* — teoría general del derecho civil alemán, v. III, t. I *cit.*, p. 286). "Por regla general, el reconocimiento es un contrato, ya que su objeto es una relación jurídica entre varias personas y, en principio, semejantes relaciones sólo se modifican por acuerdo entre las partes" (*Derecho civil* — teoría general del derecho civil alemán, v. III, t. I *cit.*, p. 287-288).

172 Cf. Karl Larenz, *Derecho de obligaciones*, v. I, Madrid, Editorial Revista de Derecho Privado, 1958, p. 137:

> "La transacción pertenece a los 'negocios declarativos', cuya finalidad es hacer segura e incontestable entre las partes una situación jurídica controvertida e insegura (...). Puede ocurrir que el deudor reconozca el crédito discutido o incierto, ya en toda la cuantía afirmada por el acreedor, ya en otra inferior; el credor en el primer caso tal vez consienta en un aplazamiento del pago o aumente su contraprestación, pero en el segundo caso renunciará al excedente que en principio exigió (mediante el llamado 'reconocimiento

Por quê "contrato", e não "acordo"?[173] Porque há *consenso* das partes em *estabelecer* (fixar), *naqueles termos*, sua situação jurídica (não, apenas, acordo sobre dação e recebimento de uma declaração, como Pontes de Miranda vislumbrava no "reconhecimento bilateral"), fixação esta que determinará, ademais, eficácia modificativa (quiçá, mesmo constitutiva, ou extintiva) toda vez que os termos do negócio se afastem da situação jurídica anterior[174]. Não deve espantar, por outro lado, que um contrato determine eficácia declarativa ou até que, em determinado caso concreto, determine, *apenas*, eficácia declarativa[175]. O que talvez não se afigure

> negativo'). Por lo tanto, la transacción contiene, aunque no necesariamente, pero sí en la mayoria de los casos, un reconocimiento por una de las partes o por ambas. En estos supuestos, no se trata, por regla general, de un reconocimiento abstracto en el sentido del § 781 [do BGB], que tal vez tuviera un significado completamente novatorio, sino de un reconocimiento 'causal' (...); la deuda reconocida en la transacción conserva su caractér anterior (p. ej., como débito del precio de la compraventa, o en concepto de mutuo); no surge ninguna nueva obligación ni junto a la existente ni en su lugar. Pero cuando la deuda anterior no consistía en la cuantía ahora reconocida, el reconocimiento produce, no obstante lo dicho, efecto creador de la obligación, y, a la inversa, si el acreedor se da por satisfecho en la transacción con una suma inferior a la efectivamente debida con anterioridad, hay en su reconocimiento ('negativo') una renuncia y, por lo tanto, una disposición sobre su derecho".

O excerto é importante por afirmar o caráter causal destes negócios (ou destas disposições), que não se substituem à relação anterior, mas apenas (de ordinário) a modificam, naquilo em que divergirem reconhecimento e situação jurídica anterior. As concepções de Larenz serão analisadas em maior detalhe no item 3.3. *infra*.

[173] A questão vai aqui formulada em termos ponteanos, i.e., segundo a concepção que Pontes de Miranda apresentou do "acordo". Se a reformulássemos segundo a concepção tradicional da distinção entre contrato e acordo, a questão praticamente não ofereceria dificuldades: se se trata de distinguir acordo e contrato, na medida em que, naquele, os interesses sejam paralelos, e neste, convergentes (sendo o contrato o mecanismo de composição de interesses inicialmente divergentes) ressaltaria a natureza contratual da figura.

[174] No reconhecimento (negócio jurídico de fixação), o elemento de declaração, que houver, não relevará como tal, i.e., como declaração, mas apenas indicará o conteúdo, a posição ou relação jurídica que se fixa (i.e., que se estabelece), e cuja fixação pode se dar por negócio jurídico unilateral (conforme os princípios e regras aplicáveis aos negócios unilaterais) ou pode requerer o consenso dos figurantes.

[175] Em verdade, o que se denomina, aqui, "eficácia declarativa" é decorrência de (i) haver-se concluído um negócio jurídico, incidente sobre a situação jurídica anterior, mas sem a função de substituí-la (ao menos, sem a função de substituí-la necessariamente, i.e., o ato não se reveste de caráter novativo); e (ii) as disposições deste negócio serem coincidentes à

possível é um "contrato" voltado, *apenas*, à declaração (este seria, em termos ponteanos, um acordo sobre a dação de uma declaração). De notar-se que o reconhecimento de que ora se trata não é funcionalmente dirigido, apenas, a declarar (outorgar, a alguém, uma declaração, segundo a concepção ponteana), ainda que, *in concreto*, sua eficácia possa ser, somente, declarativa[176].

situação jurídica anterior. Nesta medida, o novo negócio haverá produzido, apenas, eficácia mínima (vinculação), apenas determinando alguma eficácia ulterior (constituição, modificação, extinção) nos pontos em que divergir da anterior situação jurídica. Nesta medida, o que chamamos de eficácia declarativa será, pois, apenas a eficácia mínima irradiada de determinada figura contratual, e contratual por revelar, justamente, o consenso das partes em relação aos termos em que se deve fixar a relação jurídica. Sobre a eficácia declarativa, cf. infra, Capítulo 3, item 1.1..

[176] Restaria ainda verificar, contudo, em que medida um semelhante reconhecimento pode, também, concluir-se como um negócio jurídico unilateral. A hipótese apareceria em princípio problemática pois, sendo bilaterais as relações jurídicas, a modificação destas (modificação que o reconhecimento, potencialmente, pode determinar), haveria de exigir o consenso das partes. Contudo, já se observou ser possível entender-se que o princípio de incolumidade das esferas jurídicas existe para *proteção* dos sujeitos de direito, com o que "Pode se admitir, ao invés, que o negócio incida diretamente sobre a esfera jurídica alheia quando o efeito seja *insuscetível de prejuízo pessoal e patrimonial*" (C. Massimo Bianca, Il contratto, *in Diritto Civile*, v. III, 2. ed., Milano, Giuffrè, 2000, p. 13. No original: "Può ammettersi invece che il negozio incida direttamente sulla sfera giuridica altrui quando l' effetto sia *insuscettibile di pregiudizio personale e patrimoniale*"), admitindo-se, nesta medida, os negócios jurídicos unilaterais; bastando, para resguardar a liberdade do sujeito passivo de não receber um benefício que não deseje, conceber, a seu favor, um poder de recusa.
Contudo, e para além do exame dos princípios, algumas hipóteses merecem exame mais detalhado.
Há uma hipótese, ao menos, em que parece desnecessária a bilateralização do reconhecimento (i.e., do negócio jurídico de fixação). Com efeito, não pode o réu reconhecer a procedência do pedido que lhe move o autor, afirmando que o cumprirá, integralmente? Não há, aí, uma declaração negocial, pois que o declarante se está vinculando, ainda que os termos do pedido não resultem precisamente conformes à real situação jurídica anterior? E, à evidência, não caberia exigir, no ponto, a bilateralização do negócio — esta se mostraria, para dizer o menos, despicienda (o que não quer dizer seja inadmissível).
Mas a utilidade do modelo do negócio jurídico unilateral também se poderia verificar em relação ao reconhecimento parcial (como se, *v.g*, o devedor reconhece a dívida em montante superior ao que sustentara inicialmente, mas em valor ainda inferior ao pretendido pelo credor), à medida em que, se se concebe um semelhante reconhecimento como um negócio jurídico unilateral, será possível vincular-se o devedor ao *quid* reconhecido sem se vincular o credor, permitindo-se a este pois, deduzir suas ulteriores "pretensões". Já aqui se deli-

Devem ser confrontados, neste ponto, o negócio jurídico de fixação e o contrato de modificação. Larenz, após mover suas críticas à tese do contrato obrigacional, observa que "en el instituto del contrato de modificación tenemos la posibilidad de que las partes reformen directamente el contenido de la relación obligatoria y la reglamenten de nuevo, y cabalmente és este también el resultado de la transacción"[177]. Pontes de Miranda, por sua vez, chega mesmo a afirmar que "Em verdade, trata-se [a transação] de negócio jurídico bilateral de modificação"[178], e, pouco à frente, exemplifica: "se, em vez do prazo que seria *x* e sobre isso versava a controvérsia, foi fixado *x* + 1, a eficácia é instantânea"[179].

neia a possível função deste negócio unilateral de reconhecimento, que é *restringir* o âmbito da controvérsia, sem se vincular o credor à quantia reconhecida, e permitindo a este, pois, deduzir suas ulteriores exigências. Para a tutela do credor, que não pode ser obrigado a aceitar um "reconhecimento" parcial, basta conceber um poder de *recusa* (como de resto existe, em princípio, na forma de renúncia, ou remissão, para todas as suas posições jurídicas patrimoniais). De notar-se, contudo, que um semelhante reconhecimento não poderia conter qualquer restrição quanto a ser o valor reconhecido o valor total da dívida. Uma semelhante restrição, à evidência, haveria de ser aceita pelo credor, o que já supõe bilateralização do negócio.

Contudo, não será esta a única maneira de conceber-se um reconhecimento parcial: este, com efeito, talvez se possa concluir, também, como um *contrato* unilateral, vinculando, pois, o devedor, mas não o credor, ao montante reconhecido. Tratar-se-á aqui, em verdade, de negócio com conteúdo semelhante ao do reconhecimento unilateral, ao menos no que tange ao reconhecimento de dívida: i.e., o devedor se reconhece vinculado a determinada quantia, sem se poder extrair, do reconhecimento, qualquer indicação quanto a ser aquele o valor total da dívida. A diferença está em que a (potencial) eficácia do negócio dependerá da aceitação pelo credor a que o devedor se vincule àquele determinado montante (o que pode até determinar ampliação do objeto original da dívida), sem que tal aceitação exclua, contudo, a dedução de suas ulteriores pretensões (o problema, neste ponto, radicará em verdade na determinação do conteúdo do reconhecimento; a aceitação manifesta, sempre, integral consenso em relação ao conteúdo definido na oferta).

[177] Karl Larenz, *Derecho de obligaciones*, v. I, Madrid, Editorial Revista de Derecho Privado, 1958, p. 139.

[178] Pontes de Miranda, *Tratado de direito privado*, v. XXV [1. ed.] Rio de Janeiro, Borsoi, 1959, p. 124.

[179] Pontes de Miranda, *Tratado de direito privado*, v. XXV [1. ed.] Rio de Janeiro, Borsoi, 1959, p. 124.

Com relação à concepção de Pontes de Miranda, caberia anotar que a transação consiste, então, num contrato que pode conter em seu suporte fático quer disposições obrigacionais quer disposições imediatamente modificativas, convencionadas pelas partes. No mais, o

Carresi negou a possibilidade de se concluir um contrato de modificação sobre uma situação jurídica anterior, controversa, "posto que uma modificação (...) pressupõe logicamente que se conheça aquilo que se pretende modificar"[180]. Mas, a nosso ver, sem razão. Com efeito, o máximo que se pode dar é que um semelhante negócio de modificação, se coincidente, total ou parcialmente, à situação jurídica anterior, determine, apenas, eficácia mínima (vinculação), sem irradiar qualquer ulterior eficácia — o que, contudo, não impede se componha um semelhante negócio, e mais, que este desempenhe uma importante função. Suponha-se que A e B controvertam quanto ao valor da dívida, se 100 ou 200. O que impede as partes, apesar de avaliarem diversamente a situação jurídica inicial, acordarem em modificar a dívida, fixando-a no valor de 150, ou noutro qualquer? O devedor crerá ter-se obrigado ao pagamento de mais 50; o credor, a ter remitido 50, sem se haver, neste ponto, consenso. Mas, de toda forma, um e outro terão evitado o risco do litígio, que poderia ser, a um dos figurantes, ainda mais desfavorável que o negócio assim concluído. E o que lhes haveria impedido, malgrado serem divergentes os respectivos juízos, de modificar a situação jurídica originária? As partes terão sempre, note-se, um parâmetro para valorar as respectivas concessões, que é a sua "pretensão", aquilo que

que pode haver são negócios de execução, concluídos junto à transação, mas não, caberia observar, *na* transação, sem se prescindir, pois, do anterior momento obrigacional. Pontes de Miranda, com efeito, após caracterizar a transação como contrato obrigacional, observa: "Isto não quer exprimir que não se possa acrescentar ao negócio de transação (obrigacional) *negócio real de cumprimento*, como o de transmissão da propriedade, o de cessão de crédito, o de remissão de dívida; então, a transação é tudo isso" (*Tratado de direito privado*, v. XXV *cit.*, p. 166). Transação será, pois, para Pontes de Miranda, sempre um contrato; os negócios de adimplemento *não se substituem* às promessas de prestação; são, antes, "acrescentados" ao negócio que, então, passa a compreender "tudo isso" (i.e., promessa de prestação mais negócio de adimplemento). O fato destes negócios virem concluídos junto à transação determinaria a inserção da causa? A matéria é controversa. Contra, Enneccerus-Lehmann, para quem "Los actos abstractos de cumplimiento realizados a la base de aquella, ya sean posteriores a la misma o ya vayan unidos con ella son eficaces por de pronto, pero su efecto está sujeto a restitución por razón de enriquecimiento sin causa" (Derecho de obligaciones, *in* Enneccerus-Kipp-Wolff, *Tratado de derecho civil*, t. II, v. 2º, 2ª parte, Barcelona, Bosch, 1966, p. 860).

180 Franco Carresi, *La transazione*, 2. ed., Torino, UTET, 1966, p.3. Considera o autor que tal negócio não pode ocorrer "posto che una modificazione (...) pressupone logicamente che si consoca quel che si intende di immutare".

sustentam ser o seu direito. A única diferença que se poderá apontar (em relação a um negócio de modificação isolado) é que este, enquanto inserto na transação (e perpassado, pois, pela causa função desta) poderá irradiar eficácia variável (pode implicar numa ampliação do valor devido, ou em sua diminuição, ou, até, coincidir com o valor devido).

Cabe observar, ainda, que "La modificación puede limitarse a lo futuro (y así ocurre frecuentemente con las relaciones de arrendamiento y de servicios) o bien, según la voluntad de las partes, transformar de tal suerte la obligación como si hubiera tenido desde el principio el contenido que ahora se estipula. Lo ultimo se hace frecuentemente en forma (imprecisa) de convenir que el contrato originario quede modificado"[181]. Em sentido semelhante, Larenz, para quem "Esta modificación puede referirse sólo al futuro — y así será por regla general — o puede también referirse a un lapso de tiempo pasado"[182]. Trata-se de uma possibilidade que os juristas apontam relativamente às relações obrigacionais, mas, de todo modo, importante para a transação. Com relação à afirmação de Larenz, deve-se perguntar se esta modificação se produz no (ou desde o) passado, ou se esta se produz, simplesmente, "como si hubiera tenido desde el principio el contenido que ahora se estipula", nos dizeres de Enneccerus. De toda sorte, esta possibilidade, atribuída aos negócios de modificação, deve suscitar seu confronto com o "reconhecimento".

É possível que, *na transação*, não se colham diferenças entre as duas figuras, contrato de modificação e negócio jurídico de fixação. Com efeito, a eficácia de uma e outra figura será, em princípio, idêntica (ao menos, se se considera o negócio de modificação inserto na transação, perpassado pela causa desta; em ambas, ressalta o consenso em fixar, *naqueles termos*, a relação jurídica em que figuram as partes, e um e outro podem determinar esta modificação *ex tunc*, ou melhor, como se *ex tunc*). Contudo (e aparentemente), enquanto o contrato de modificação pode concluir-se, como referido no exemplo acima, sem ter havido consenso sobre o anterior valor da dívida (bastando, à sua conclusão, o consenso sobre o valor em que se quer fixar a dívida), o contrato de reconheci-

[181] L. Enneccerus-H. Lehmann, Derecho de obligaciones, ***in*** Enneccerus-Kipp-Wolff, *Tratado de derecho civil*, t. II, v. 1º, Barcelona, Bosch, 1954, p. 222.

[182] Karl Larenz, *Derecho de obligaciones*, v. I, Madrid, Editorial Revista de Derecho Privado, 1958, p. 130.

mento, aparentemente, implicaria um consenso sobre o valor prístino da dívida. Destarte, não seria possível considerá-los "o mesmo" negócio. Contudo, se — como nos parece — o valor declarado (para seguir-se no exemplo) releva não como declaração, mas como conteúdo a ser fixado, esta diferença cai[183]. Se tanto, o que se poderia dizer é que um negócio apresenta um elemento de juízo que outro não tem. Mas este elemento apenas será relevante, se tanto, para estabelecer *ex tunc* (ou como se *ex tunc*) eventual modificação, eficácia esta que Larenz e Enneccerus-Lehmann já atribuem ao negócio de modificação. Donde, pelo menos nestes casos, tratar-se do mesmo negócio.

3.3. Contrato e união de negócios jurídicos.

As seções precedentes serviram a ressaltar como podem ser variadas as concessões que se inserem no suporte fático da transação, concorrendo, todas, à extinção do negócio jurídico (mediante aquela determinada sistematização de interesses pretendida pelas partes, como lembraria Santoro-Passarelli[184]). Esta circunstância, contudo, suscita o problema de se saber quando se está diante de um contrato ou, ao contrário, quando se está diante de uma união de negócios jurídicos[185].

Já se aludiu a esta questão anteriormente, ao se confrontar determinados exemplos figurados por Enneccerus-Lehmann à sua definição da

[183] Cf. item 3.2. *supra*, nota n. 174.

[184] Francesco SANTORO-PASSARELLI, *La transazione*, 2. ed., Napoli, Jovene, 1986, p. 230.

[185] A questão, é certo, poderia assumir contornos distintos (e, quiçá, sequer surgisse), se se considerassem determinadas construções com que atinaram os sistematizadores da teoria geral do negócio jurídico. Pontes de Miranda, por exemplo, afirma ser o testamento "negócio jurídico único, embora contenha negócios jurídicos diferentes. Teremos ensejo de ver mais de espaço, que há essa classe de negócios jurídicos *envolventes* (...)" (*Tratado de direito Privado*, v. III, [1. ed.] Rio de Janeiro, Borsoi, 1954, p. 173). Talvez fosse este, também, o caso da transação. Mas esta figura do "negócio jurídico envolvente" necessitaria, para sua admissão, de maior desenvolvimento teórico. Que significa, com efeito, este "envolvimento"? Ora, parece-nos que este envolvimento consiste, apenas, no fato de distintas prestações concorrerem a compor o suporte fático da transação, sendo perpassadas pela causa-função desta. Com o que surge a questão: trata-se de prestações de um e o mesmo contrato, ou de *negócios jurídicos* perpassados, todos, por uma mesma causa-função? Nesta última hipótese, segundo nos parece, a construção do "negócio jurídico envolvente" em verdade desmonta, reduzindo-se a mera união de negócios jurídicos (negócios reciprocamente dependentes, à medida em que as partes desejem o *conjunto*).

transação como um *contrato*. Apontou-se[186] que o reconhecimento (positivo ou negativo) de determinada "pretensão" invocada por uma das partes, mediante determinada promessa de prestação, não se reduz a um contrato, mas consiste, sim, na combinação (união) de dois negócios jurídicos distintos, reconhecimento e promessa de prestação, sendo ambos perpassados pela causa da transação (e unidos, pois, em dependência recíproca, pois que, na transação, as partes desejam o conjunto). Com efeito, quer-nos parecer que se trata de dois consensos distintos, sobre dois distintos objetos e, mais que isto, conformando, em princípio, duas relações jurídicas distintas. Há, com efeito, duas relações, uma, derivada da promessa de prestação e caracterizada pelo débito de determinado bem e pelo crédito correspectivo, e, outra, a relação que é fixada (estabelecida) nos termos constantes do negócio de reconhecimento, donde a consideração de que se trata, *prima facie*, de dois negócios jurídicos distintos, cada qual a conformar uma determinada relação jurídica[187].

Críticas semelhantes se poderiam mover a von Tuhr que, ao tratar da transação, observa que, desta, "ante todo nacen dos obligaciones recíprocas"[188] (concepção já criticada), excetuando contudo as prestações consistentes em reconhecimento (que o jurista já havia, precedentemente, caracterizado). Para von Tuhr, o reconhecimento se realiza

[186] Cf. item 3.1. *supra*, nota n. 154.

[187] Esta conclusão se mantém, segundo nos parece, ainda que se observe que a causa da transação, integrando determinado "reconhecimento", "renúncia", "remissão" ou "negócio de reconhecimento" é elemento essencial para sua caracterização como "negócios jurídicos de fixação" (cf. item 2.3. *supra*). A causa da transação poderia se revelar aqui, é certo, como um elemento *comum* e essencial a diversos consensos, i.e., a diversas disposições insertas na transação. Todavia, a questão fundamental, segundo nos parece, é a ocorrência, numa transação, de disposições jurídicas distintas incidindo sobre, ou conformando, distintas relações jurídicas (como, *v.g.*, o reconhecimento de uma dada relação e o estabelecimento de uma promessa de prestação, prestação esta distinta e não recondutível à situação reconhecida). Se não vamos enganados, o modelo resultante da dogmática tradicional vislumbra cada negócio jurídico, incidindo sobre, ou constituindo, *uma* determinada relação jurídica (ainda que uma relação jurídica de conteúdo complexo, como a chamada "relação obrigacional em sentido amplo"). Donde a consideração de que se trata, *prima facie* ao menos, de dois (ou mais) negócios jurídicos distintos. A hipótese, conquanto possa carecer, ainda, de mais adequada fundamentação jurídica, parece-nos digna de menção, e do desenvolvimento que lhe pudermos dar, nesta sede.

[188] Andreas von TUHR, *Derecho civil* — teoría general del derecho civil alemán, v. III, t. I, Buenos Aires, Depalma, 1948, p. 299.

"por la propria celebración del contrato"[189] — i.e., do contrato de transação. Contudo, pode haver contrato, e pode não haver. É até possível imaginar-se que esta promessa de prestação se possa integrar à relação jurídica fixada pelo reconhecimento (imagine-se, *v.g.*, que se trata da assunção de uma prestação acessória, ou de um dever lateral), sendo quiçá possível estabelecer-se, neste caso, que ambas as disposições, negócio de reconhecimento e promessa de prestação, se possam ter como integrantes de *um único* negócio de fixação, atinente a distintos aspectos da mesma relação jurídica obrigacional (*em sentido amplo*). Neste ponto, como veremos, parecem residir o mérito e as limitações das concepções de Larenz em matéria de transação. Afora esta hipótese, será difícil, parece-nos, não reconhecer numa e noutra prestação (i.e., no reconhecimento e na promessa de prestação), uma união de negócios jurídicos, à medida em que distintas disposições incidam sobre, ou constituam, relações jurídicas *distintas* (ainda que se configurem como relações coligadas).

Larenz, por sua vez, malgrado reconduzir a transação à categoria do *contrato de modificação* (como se verá adiante), fornece alguns exemplos passíveis de recondução ao contrato e outros, parece-nos, dificilmente recondutíveis a tal categoria. Alude, por exemplo[190], ao reconhecimento integral da quantia pleiteada pelo credor mediante, *v.g.*, a concessão de um prazo para pagamento ou do aumento da contraprestação devida pelo credor. Tratar-se-ia, como apontamos acima, de hipótese em que as distintas concessões se podem figurar como integrantes de um mesmo contrato de modificação da relação jurídica anterior (há consenso das partes em fixar, naquele valor, a quantia a ser paga e, naquele montante, aumentado, a respectiva contraprestação). Já suscita dificuldades, contudo, o outro exemplo, figurado por Larenz[191], da controvérsia que se resolve mediante o reconhecimento parcial, pelo devedor, da "pretensão" que lhe movia o credor, mediante o reconhecimento negativo, por este, da quantia restante. Ora, parece-nos que, neste caso, o que há são dois negócios jurídicos distintos, reconhecimento parcial da dívida e

[189] Andreas von Tuhr, *Derecho civil* — teoría general del derecho civil alemán, v. III, t. I, Buenos Aires, Depalma, 1948, p. 299.

[190] Cf. item 3.2. *supra*, nota n. 172.

[191] Cf. item 3.2. *supra*, nota n. 172.

reconhecimento negativo, *unidos*. A transação, em semelhante hipótese, se comporia como um contrato se as partes, em vez de recorrerem a dois negócios, como aparentemente fizeram, fixassem, de comum acordo, o valor da dívida em determinada quantia. Quanto ao reconhecimento negativo, o § 397 do BGB estabelece, como visto, que se faça mediante contrato, porque pode envolver, no limite, remissão de dívida. Quanto ao reconhecimento parcial, já se verificou[192] que este, em não contendo nenhum elemento de limitação quanto a ser, aquele montante reconhecido, o total da dívida, poderia se compor quer como um contrato, quer como negócio jurídico unilateral. Em qualquer das hipóteses, contudo, estaria, segundo nos parece, excluído que a transação se compusesse como *um* contrato. Haveria, no máximo, *união de contratos*, com duas declarações negociais distintas: uma, o reconhecimento negativo de determinada quantia, feita pelo credor e aceita pelo devedor; outra, o reconhecimento (fixação da dívida) de determinada quantia (sem a limitação, porém, de ser aquele o valor *total* devido), feita pelo devedor e, se se trata de contrato, aceita pelo credor. É de se notar que a fixação da dívida em determinado montante, e apenas neste (tido, pois, como o montante total da dívida) demandaria o consenso do credor e, pois, tornaria desnecessário, supérfluo, o reconhecimento negativo.

A análise, ainda que breve, dos exemplos acima, faz ressaltar (já antes o havíamos indicado) os méritos, e também os limites da concepção de Larenz. Para Larenz, o contrato de transação se afigura como um

> "(...) *contrato de modificación*, con la finalidad de eliminar un litígio o una incertidumbre (...). Como el *contrato de modificación*, actua inmediatamente sobre la relación de deuda reformada, transformándola; há de tratarse de una disposición conjunta de ambas partes sobre la relación obligatoria como un todo"[193].

Contudo, deve-se notar que, em todos os exemplos que precederam esta conclusão, as concessões eram, todas, atinentes apenas à relação

[192] Cf. item 3.2. *supra*, nota n. 176.

[193] Karl LARENZ, *Derecho de obligaciones*, v. I, Madrid, Editorial Revista de Derecho Privado, 1958, p. 138.

(obrigacional) em que se verificava a controvérsia[194], não a relações estranhas, o que teria permitido ao jurista, talvez com alguma facilidade, reconduzir a transação a um contrato modificativo. É precisamente neste ponto que se evidenciam as insuficiências de uma semelhante redução. Note-se, por primeiro, ser possível que as concessões se reportem, todas, à mesma relação (e até, mais especificamente, à mesma posição jurídica) sem que, por isto, a transação se reduza a um contrato. É o que parece resultar do exemplo atinente à controvérsia sobre o valor de uma dívida encerrada por reconhecimento parcial do valor originalmente pretendido e reconhecimento negativo do valor restante. O que se dá, neste exemplo, é que, em vez de haver "una disposición conjunta de ambas partes sobre la relación obligatoria como un todo", como refere Larenz, há *duas* disposições distintas que, em conjunto, conformam a anterior posição (i.e., a dívida). É possível vislumbrar-se, contudo, a redução de diversas disposições a um mesmo contrato de modificação quando cada uma delas revele, individualmente, o consenso das partes sobre determinado ponto da relação jurídica (como ocorreria, *v.g.*, se ambas as partes fixassem em tal ou qual montante o valor da dívida). Apenas sob esta perspectiva, parece-nos, é que pôde Larenz anotar que a transação "es siempre 'un negocio jurídico unitario', en el sentido del § 139 [art. 184 e 848 do novo Código Civil brasileiro]"[195].

Mas há, ainda, outros limites a esta concepção. Parece difícil reduzir a *um* mesmo contrato, *v.g.*, o conjunto de disposições modificativas (ou

[194] Cf. Karl LARENZ, *Derecho de obligaciones*, v. I, Madrid, Editorial Revista de Derecho Privado, 1958, p. 137-138. O excerto relevante se encontra reproduzido *supra*, no item 3.2.., nota n. 172.

[195] Karl LARENZ, *Derecho de obligaciones*, v. I, Madrid, Editorial Revista de Derecho Privado, p. 130. Com efeito, como observa Larenz,

> "La modificación puede afectar sólo a prestaciones accesorias o a la ejecución del contrato (p. ej., aplazamineto del momento de la entrega o del pago); puede producir también la consecuencia de ampliar o reducir el deber de prestación de una de las partes o de ambas. En cuanto suponga una redución de la prestación, su eficácia dependerá de la aprobación del acreedor, ya que se trata de una remisión parcial (§ 397). Por el contrario, cuando el deber de prestación se amplíe o se asuman deberes complementarios, se tratará de un negocio obligacional [não de um negócio de disposição, como ocorre, v.g., com a remissão]. Cuando ocurra una y outra cosa, el contrato de modificación es, apesar de ello, un contrato unitario que incluirá tanto elementos de um contrato de disposición como de un contrato obligacional".

potencialmente modificativas) incidentes sobre uma dada relação e uma promessa de prestação, estranha à relação originária (e conformando, pois, uma outra relação). Não se trataria, aqui, de dois (quiçá, mais) *negócios jurídicos* distintos (um, o contrato de modificação, que pode apresentar, como parece, um conteúdo complexo, sendo composto de várias disposições modificativas; outro, a promessa de prestação), unidos pela mesma causa? Outra hipótese digna de nota é ocorrer, no suporte fático da transação, alguma disposição que não se revista de natureza contratual, como, *v.g.*, a renúncia a um bem. Nesta hipótese, evidentemente, a transação se configuraria, também, como união de negócios jurídicos.

Cabe aludir, neste ponto, a uma constatação de Pontes de Miranda. O autor, referindo-se à formação dos contratos mistos, anotou: "Se o negócio jurídico é único, não se pode pensar em "mistura" de negócios jurídicos: a mistura é no suporte fáctico, pré-jurídica (= antes de o negócio se juridicizar); e o negócio jurídico, que resulta, é espécie própria, ou entra em espécie própria (...). Se dois ou mais negócios *jurídicos* se misturassem, haveria união, e não simples complexidade"[196]. Trata-se, como dito, de uma constatação, não de uma teoria, já que não se discrimina quando ocorre uma ou outra situação. Contudo, quer-nos parecer que a descrição serve bem a ilustrar o que ocorre em diversas hipóteses de transação, em que as prestações, que integram desde logo o suporte

[196] Pontes de Miranda, *Tratado de derecho privado*, v. III [1. ed.] Rio de Janeiro, Borsoi, 1954, p. 177.
Observa Pontes de Miranda, pouco adiante, que "Se um dos contraentes promete prestação una e o outro prestações diferentes, correspondentes a dois ou mais tipos de contrato, há combinação; *e.g.*, casa e comida por *x*, ou transporte e comida por *y*. Não há dois ou mais contratos; há um só, complexo: a unidade é imposta ao todo pela unitariedade unilateral" (*Tratado de direito privado*, v. III *cit.*, p. 185). Trata-se de um excelente exemplo desta mistura "pré-jurídica" de prestações. Verdade é que a unitariedade releva, no exemplo; mas poderia dar-se, igualmente, que se tratasse de um *scambio* complexo, em que se promete as prestações *a*, *b* e *c*, em conjunto, pelas prestações *x*, *y* e z, também em conjunto. Donde talvez, se haver de destacar, para além da unitariedade da prestação deste ou daquele figurante, a unitariedade do sinalagma e a plasticidade do esquema do contrato *obrigacional* bilateral. Quer-nos parecer que, nestes casos, um dos fatores que torna possível a composição de contratos complexos é, justamente, o fato de que as prestações não ingressam, elas mesmas, no suporte fático (aliás, muitas delas, como condutas, não poderiam mesmo figurar, como tais, no ato; diferentemente, contudo, quando estas prestações constituem, em si, atos ou negócios jurídicos); são, apenas, previstas *in obligatione*.

fático da transação, incidem sobre, ou conformam, relações jurídicas *distintas*, ainda que coligadas, sendo talvez excepcional, nesta hipótese, que se reduzam a um e o mesmo contrato. Larenz, não é demais observar, apontou um caso em que tal se dá; mas a hipótese, segundo nos parece, dependeria de vários pressupostos: tratar-se-ia da "fusão", num contrato, de diversas disposições modificativas (ou, mesmo, constitutivas de novos deveres, especialmente deveres laterais, ou acessórios), cada uma delas, individualmente, revestindo-se de natureza consensual, representando, cada qual, o consenso das partes sobre aquele determinado ponto da relação jurídica, e atinentes, todas, a uma mesma relação (ainda que "relação obrigacional em sentido amplo").

Coube a Pontes de Miranda salientar, ainda, que a vontade das partes, e a unidade do interesse (do "elemento ligador de ordem econômica", como o refere o jurista) "podem parar [apenas] na união entre negócios jurídicos"[197].

Parece impor-se, pois, a conclusão de que a transação pode, ao sabor dos casos concretos, concluir-se como um contrato ou como união de negócios jurídicos, o que pode determinar algumas conseqüências importantes para a disciplina da figura, notadamente no que tange à incidência do chamado "princípio da contagiação" (art. 848 do Código Civil de 2002; art. 1.026 do Código Civil de 1916), e à resolução por inadimplemento. São estes, pois, os dois tópicos que se passa a examinar.

3.4. Transação e princípio da contagiação.

No item 2.4. *supra*, ao se aludir à tutela dos figurantes em um contrato puramente obrigacional voltado à extinção da controvérsia, salientou-se que os preceitos contidos nos arts. 184, 1ª parte, e 848, *caput*, do Código Civil de 2002 (equivalentes, respectivamente, aos arts. 153, 1ª parte, e 1.026, *caput*, do Código Civil de 1916) referiam-se fundamentalmente, a negócio jurídico *uno*, não à união de negócios jurídicos. Com efeito, o art. 184, 1ª parte, refere-se à "invalidade parcial de um negócio jurídico", estabelecendo-se que esta não o prejudicará "na parte válida, se esta for separável"; a referência é, pois, às *partes* de *um* negócio jurídico. Já o art. 848, *caput*, por seu turno, estabelece que "Sendo nula qualquer das cláu-

[197] Pontes de Miranda, *Tratado de direito privado*, v. III [1. ed.] Rio de Janeiro, Borsoi, 1954, p. 182.

sulas da transação, nula será esta"; a referência primeira é, pois, segundo nos parece, a um *contrato*, de que alguma *cláusula* esteja eivada de nulidade. Surge, pois, o problema de se haver de indicar qual a tutela dos figurantes caso a transação, concretamente desenvolvida, se configure como união de negócios jurídicos, não como um simples contrato.

Já se aludiu a que as referidas uniões se podem subssumir, ao menos formalmente, ao art. 840 do Código Civil de 2002. Donde a questão: seria possível estender, pois, sem maiores dificuldades, a regra do art. 848, *caput*, também para as uniões de negócios jurídicos? Algumas considerações de ordem dogmática excluem semelhante solução, em especial a de que a nulidade, quando for a nulidade de determinado negócio, consiste num défice apenas deste, e não dos outros negócios, que se acham unidos àquele primeiro, nulo. Quer-nos parecer que o que ocorrerá, no caso da união de negócios jurídicos, é não a contagiação, mas um *atingimento*, decorrente da natureza da união que se verifica entre os referidos negócios.

Tratar-se-á, com efeito, de união causal: os negócios que forem concebidos se-lo-ão, em princípio, *conjuntamente*, e a referência à causa (causa função) que se faz, no conjunto, os perpassará a todos. Com efeito, a referência que se faz, no negócio, à "transação", ou a indicação que, "para encerrar as disputas entre eles havidas", A e B procedem a tais ou quais concessões (recíprocas), evidenciará, desde logo, que cada um dos negócios é concluído, apenas (i) porque há controvérsia; (ii) para extinguí-la; e (iii) a câmbio do outro negócio, ou dos outros negócios que se concluem, conjuntamente, para o mesmo fim. A referência feita à transação, ou à extinção do litígio, perpassará, pois, todos os negócios jurídicos, criando quer uma dependência recíproca entre os negócios jurídicos, por intermédio da causa-função que neles penetrou, quer uma dependência da causa a cada um destes negócios que ela perpassa, pois que a causa consiste, exatamente, na extinção da controvérsia mediante concessões recíprocas (= mediante as concessões que as partes se hajam, reciprocamente, determinado).

Quid inde, pois, se há defeito de algum negócio jurídico? Uma vez que os negócios se encontram em dependência recíproca, quer-nos parecer que (i) se um dos negócios for nulo, ou ineficaz, a causa será atingida, e os demais também não irradiarão qualquer efeito (o que se quis foi, apenas, os negócios em conjunto; os demais negócios haverão, sem sombra de dúvida, adentrado o mundo jurídico, e poderão, mesmo, haver cumprido todos os requisitos necessários à sua validade; destarte, se haveria de entender que o efeito desta inserção de causa se processaria, *prima facie*, no plano da eficácia); (ii) se anulável o negócio jurídico, da mesma forma sua desconstituição haverá de implicar na perda de eficácia das demais disposições. Como observa Pontes de Miranda a respeito das uniões de negócios jurídicos (à parte, claro, as chamadas "uniões externas", que consistem, apenas, na comunhão de um instrumento), "A própria decretação de nulidade ou anulação de um [negócio] atinge o outro (não dissemos "contagia-se")"[198]. Idem, para a ineficácia. Apenas haveríamos de notar, relativamente à nulidade e à ineficácia, que o que deve relevar não, é, em princípio, a decretação de nulidade ou a declaração de ineficácia como tais, pois, à medida em que determinado negócio é absolutamente ineficaz desde o início, já se torna, desde este momento, irrealizável a causa da transação (as partes, recorde-se, queriam o conjunto), sendo pois atingidos, por intermédio desta causa, todos os outros negócios. A decretação de nulidade, ou declaração de ineficácia (originária) de um determinado negócio apenas teria, a nosso ver, o papel de indicar que este atingimento *ocorrera*.

Os casos de anulabilidade de determinado negócio necessitam maior análise. Nestes casos, o negócio é eficaz, mas está sujeito a ser descontituído *ex tunc*, arrastando, pois, toda sua eficácia. Se assim é, e se, na transação, as partes pretendem o conjunto, o que se há de entender é que toda a eficácia dos demais negócios seja, também, atingida e removida, procedendo-se as partes às restituições que couberem (e reabrindo-se a controvérsia, pela terminação da eficácia dos negócios de fixação).

Resta ainda, na matéria, uma ulterior questão a tratar: e se a nulidade, ou ineficácia, for da própria causa? A questão não deve espantar, pois o que há, nestas hipóteses de união de negócios jurídicos, é um *acordo das partes sobre a causa*, acordo este que perpassa todos os demais negócios, e que pode, por sua vez, apresentar, como qualquer outro negócio, défices. Evidentemente, se se trata de *um* contrato de transação (ou, genericamente, de qualquer outro contrato), não há, em princípio, porque individuar-se, dentro no contrato, o acordo sobre a causa.

[198] PONTES DE MIRANDA, *Tratado de direito privado*, v. III [1. ed.] Rio de Janeiro, Borsoi, 1954, p. 185.

A figura, contudo, ganha relevância se se trata de união de negócios jurídicos. Neste ponto, deve-se fixar uma premissa importante, a de que este acordo implica na inserção, em cada um dos demais negócios componentes da união, da referência à causa da transação, referência esta que constitui, pois, um *elemento* destes negócios. Como dito, à medida em que se alude à realização de uma "transação", ou se estabelece que A e B, "para encerrar as disputas entre eles havidas", procedem a tais ou quais concessões (recíprocas), já decorre que cada uma das concessões concretamente fixadas o foi, apenas, (i) porque há controvérsia; (ii) para extinguí-la; e (iii) a câmbio do outro negócio, ou dos outros negócios que se concluem, conjuntamente, para o mesmo fim; à evidência, seria despiciendo que tais dados fossem repetidos juntamente a cada negócio que integra a união. Destarte, o que se há de notar, aqui, é que a causa, mesmo nula ou ineficaz, *perpassou* todos os negócios, que ou serão atingidos, não produzindo quaisquer efeitos, ou serão, ao menos numa hipótese, tecnicamente *contagiados* (imagine-se a hipótese de causa ilícita, que perpassa a todos os negócios).

3.5. Transação e inadimplemento.

Também em matéria de resolução por inadimplemento, será necessário dar relevo à distinção entre contrato e união de negócios jurídicos, a fim de verificar possíveis diferenças. Principia-se pelo exame da resolução contratual, pela maior sedimentação da matéria.

Nesta matéria, há que analisar-se, primeiramente, a opinião segundo a qual a transação não se poderia resolver por inadimplemento.

Sob o Código de 1916, o art. 1.030, 1ª parte ("A transação produz entre as partes o efeito de coisa julgada"), preceito copiado do *Code Napoleon* e, de resto, presente também no Código italiano de 1865, permitiu a certa doutrina extrair, dele, a impossibilidade de resolver-se a transação. Assim M. I. Carvalho de Mendonça, para quem "O acôrdo é inalterável na transação, eis tudo, eis os efeitos que a lei lhe quis atribuir, equiparando-a à coisa julgada"[199]; destarte "se dela [i.e., da transação] resultar a promessa de uma das partes e esta não a realizar a outra sòmente poderá reclamar seu cumprimento em virtude do que por ela ficou

[199] M. I. Carvalho de Mendonça, *Doutrina e prática das obrigações* – ou tratado geral dos direitos de crédito, v. I, 4. ed., Rio de Janeiro, Forense, 1956, p. 657.

acordado; não porém, os direitos anteriores acerca dos quais transigiram"[200]. Caberia, pois, apenas a ação para se obter a execução forçada da transação. Reproduzia-se, aqui, no essencial, a opinião de certa doutrina francesa e italiana (sob o velho código italiano de 1865). Mas estes argumentos devem ser reexaminados.

Analise-se, por primeiro, a interpretação que se pretendeu dar ao preceito contido no art. 1.030, 1ª parte: aproximando transação e coisa julgada, o artigo pretendera fazer definitivo o acordo de transação, que seria, por isso, insuscetível de resolução por inadimplemento. O código exceptuaria, pois, esta figura da regra geral sobre o inadimplemento. Ora, o artigo 1.030, 1ª parte, do Código Civil de 1916 comporta outra interpretação. Como observa Pontes de Miranda,

> "Se não havia litígio [judicial, entenda-se], ou não foi homologada a transação, a proposição 'A transação produz entre as partes efeito de coisa julgada' sòmente pode significar que ela tem eficácia *declarativa* (art. 1.027, 2ª parte), e não *constituitiva*. Nunca se poderia pensar em "fôrça" de coisa julgada: não há mais do que negócio jurídico entre particulars"[201],[202].

Destarte, o art. 1.030, 1ª parte, aludiria, apenas, à suposta eficácia da transação (eficácia declarativa), não ao *quid* destes mesmos efeitos (i.e., se definitivos ou não).

Contudo, é precisamente neste ponto (i.e., relativamente à eficácia da transação), que surgiram, no passado, as principais objeções

[200] M. I. Carvalho de Mendonça, *Doutrina e prática das obrigações* – ou tratado geral dos direitos de crédito, v. I, 4. ed., Rio de Janeiro, Forense, 1956, p. 657.

[201] Pontes de Miranda, *Tratado de direito privado*, v. XXV [1.ed.] Rio de Janeiro, Borsoi, 1959, p. 169.

[202] À evidência, pode ter ocorrido transação sobre diretos contestados em juízo, caso em que a transação se faz por escritura pública ou por termo nos autos, sendo, pois, homologada pelo juiz (art. 842 do Código Civil de 2002; cf. art. 1.028 do Código Civil de 1916). Mas, mesmo neste caso, ainda que se considere a sentença *integrativa* do negócio jurídico (cf. Pontes de Miranda, *Tratado de direito privado*, v. XXV [1.ed.] Rio de Janeiro, Borsoi, 1959, p. 170), o que se dá, é que o negócio, *em virtude da homologação* (não, pois, em virtude da "natureza da transação"), "transita em julgado, formalmente; não produz fôrça de coisa julgada material, nem efeito de coisa julgada material, a despeito da proposição que se insere no art. 1.030, 1ª parte" (Pontes de Miranda, *Tratado de direito privado*, v. XXV *cit.*, p. 170).

à admissão da resolução por inadimplemento. Como observa Segni, "É notório, por outro lado, que a teoria da declaratividade da transação induzia muitos a excluir que a transação pudesse ser resolvida por inadimplemento"[203].

Com efeito, se a transação irradia eficácia declarativa, seria um contra-senso imaginar-se (era o quanto se argumentava) resolução, ou, mais amplamente, terminação de uma semelhante figura. Com efeito, se a transação apenas *aclara* uma situação jurídica anterior, o que restaria, após a "terminação" desta é, exatamente, a situação jurídica anterior, tal como a pusera a lume a transação! O argumento, todavia, não considera que a transação, ou o reconhecimento nela inserto, para além da "eficácia declarativa", pode determinar *modificações* na situação jurídica anterior (sem que se possa, ademais, determinar quais pontos foram modificados e quais foram, apenas, aclarados), sendo cabível, destarte, cogitar-se da terminação dos efeitos da transação, com extinção das eventuais modificações (ou, mesmo, das posições jurídicas constituídas *ex novo*) e a reabertura da controvérsia.

Destarte, pois, não se pode identificar na transação, *a priori*, motivos para excluir a resolução por inadimplemento.

De notar-se ademais que, no Código Civil de 2002, a resolução não é mais referida, expressamente, apenas aos "contratos bilaterais" (expressão que denota, em seu sentido estrito, aqueles contratos de que se originam obrigações para ambas as partes e, especialmente, obrigações em sinalagma — contratos ditos bilaterais perfeitos), como ocorria com o art. 1.092 do Código Civil de 1.916 (que se inseria em capítulo denominado, justamente, "Dos Contratos Bilaterais"). Neste ponto, é superior a sistemática do novo Código Civil, por não sugerir semelhante restrição ao remédio; com efeito, se o fundamento (ou, ao menos, o fundamento último) da resolução se deve buscar no sinalagma[204], seria injusto

[203] Mario SEGNI, Natura della transazione e disciplina dell' errore e della risoluzione, in *Rivista di diritto civile*, ano XXVIII, parte prima, Padova, CEDAM, 1982, p. 276. No original: "È noto altresí che la teoria della dichiaratività della transazione (...) induceva molti a escludere che la transazione potesse essere risolta per inadempimento".

[204] Em verdade, o fundamento mesmo do direito de resolução por inadimplemento constitui matéria controversa, sendo mui díspares as teorias que buscam identificá-lo (uma síntese de diversas concepções correntes se pode encontrar em ARAKEN DE ASSIS, *Resolução do*

contrato por inadimplemento, 3. ed., São Paulo, RT, 1999, p. 53-69), sendo possível destacar-se, contudo, as diversas teorias da causa, que constituem a explicação mais corrente para a figura. Já se observava, no século XIX, que "num contrato sinalagmático a obrigação de uma das partes tem por causa a obrigação da outra e [assim] reciprocamente, de sorte que, se a obrigação de uma não é cumprida, qualquer que seja o motivo disso, a obrigação da outra se torna sem causa" (Cf. Araken de Assis, *Resolução do contrato por inadimplemento cit.*, p. 59. No original: "dans un contrat synallagmatique l' obligation de l' une des parties a pour cause l' obligation de l' autre et réciproquement, en sorte que, si l' obligation de l' une n' est pas remplie, quel qu' en soit le motif, l' obligation de l' autre devient sans cause"). O trecho reproduzido constitui, na verdade, excerto de um julgado da *Cour de Cassation*, de 14.04.1891, coligido por Capitant, e que permitia, aliás, demonstrar o desenvolvimento que a jurisprudência vinha, já aquela época, conferindo ao tema.
Radicaria aí, nesta "perda de causa", o fundamento teórico do direito à resolução. Parece-nos, contudo, que as referências a "perda de causa", ou a obrigação (tornada) sem causa não são adequadas a descrever a situação. Malgrado o devedor haja falhado em prestar no tempo e forma devidos (ou, mesmo, se se recusa a prestar) subsiste, em princípio, o sinalagma entre os respectivos deveres de prestação, sendo possível, pois, ou a purga da mora, por parte do devedor, ou a demanda pela execução específica, por parte do credor. Melhor dizer-se, pois, que a "falha" em executar-se precisamente a prestação devida leva a um *desequilíbrio* no sinalagma (funcional) originalmente projetado, situação a que o ordenamento procuraria responder mediante a outorga de um poder de resolução ao figurante lesado.
De notar-se, ainda, que mesmo esta concepção primeva da "perda de causa" já revelava a idéia de interdependência das prestações, a que se recorre, freqüentemente, para a fundamentação do direito, e que realmente parece apta a fornecer, quando menos, a fundamentação última da figura, resistindo às críticas que lhe são feitas.
Como já referido, não é possível tratar-se aqui, *ex professo*, do fundamento do direito à resolução por inadimplemento, nem mesmo desenvolver, integralmente, a análise das concepções que vislumbram, no sinalagma, o fundamento de semelhante direito. Não seria possível, contudo, descurar das críticas mais freqüentes que se tem movido a semelhantes concepções, para verificar se a concepção lhes resiste (cabendo desenvolver-se sua análise mais elaborada), ou se deve, desde logo, ser descartada. Busca-se, em seguida, apresentar uma primeira avaliação das críticas compendiadas por Araken de Assis em sua obra.
Mélich-Orsini (citado por Araken de Assis, *Resolução do contrato por inadimplemento cit.*, p. 62-63), critica as teorias da causa, ao sustentar que a "prestación perseguida no puede ser por ello la causa de su obligación; pués por este camino se llegaría simplemente a predicar que el derecho de crédito de una parte en el contrato bilateral, nace de la ejecución de su propria prestación, lo que conduciría, en definitiva, a hacer de los contratos bilaterales verdaderos contratos reales (unilaterales) y al desconocimiento de que, precisamente por el caractér bilateral del contrato, el titular de esse derecho está también obligado a cumplir su propria prestación". Planiol, a seu turno, sustentara que a "falta de causa" constituía uma causa de invalidade, não de ineficácia, com o que a resolução se reconduziria às causas de

invalidade do ato jurídico (cf. Araken de Assis, *Resolução do contrato por inadimplemento cit.*, p. 61-62; recorde-se, no ponto, o art. 1.131 do código civil francês, que faz nula obrigação concluída sem causa).

Em verdade, uma e outra críticas falham por haver descurado a distinção entre *gênese* e *desenvolvimento* da relação obrigacional. Por outras palavras, é possível perquirir se o sinalagma, para além da relação estabelecida, já no nascedouro, entre obrigação e contra-obrigação, não atua também durante a fase de execução das obrigações assumidas, i.e., se o sinalagma (genético) não se projeta à fase de execução do contrato, como sinalagma *funcional*. (Cf. Emilio Betti, *Teoria generale delle obbligazioni*, v. III, Milano, Giuffrè, 1954, p. 73-74).

Não é possível, aqui, analisar-se, sistematicamente, o papel desempenhado pelo sinalagma na fase de execução das obrigações. Não se há descurar, contudo, que existem figuras que bem demonstram este papel, como a *exceptio non adimpleti contractus* e a *exceptio non rite adimpleti contractus*. Outra destas figuras pode ser, exatamente, o direito de resolução por inadimplemento, à medida que a falta ou o atraso no cumprimento de uma prestação implique um desequilíbrio no sinalagama funcional (avaliação, contudo, que é deixada ao próprio credor, de sorte que o pedido de resolução, em casos concretos, pode ser fundado em motivos outros, *v.g*, a oportunidade de concluir com terceiro um melhor negócio. Tem-se aqui um dado digno de análise mas que, parece-nos, não é de molde a excluir o sinalagma como fundamento — ao menos como fundamento último — da resolução; o fato de se haver concebido, em termos amplos, o remédio resolutivo, não impede a consideração de seu *real* fundamento).

Outras objeções, ainda, foram movidas à teoria ora sob análise. "Observa Auletta, inspiradamente, que a perda de causa não impede, de forma inexplicável e contraditória, a opção, do contratante fiel, pela demanda de cumprimento. Com efeito, como e por que, desprovida a prestação de causa, exigir-se-ia ela do inadimplente?" (Araken de Assis, *Resolução do contrato por inadimplemento cit.*, p. 62). Deve-se criticar aqui, primeiramente, a idéia de "perda" da causa. O inadimplemento, ou o retardo na prestação não determinam, de si, a "perda da causa"; o que há é (possível) *desequilíbrio* do sinalagma funcional, provendo o ordenamento uma válvula de escape ao contratante lesado, se não lhe for mais proveitoso demandar pelo adimplemento. Se há "perda da causa", como ocorre no caso de *impossibilidade* superveniente da prestação, abrem-se duas possibilidades ao ordenamento: ou considera a obrigação resolvida, como ocorre a propósito da impossibilidade superveniente sem culpa do devedor, ou considera a relação obrigacional subsistente, embora transformada, vinculando o devedor, *v.g.*, ao pagamento do equivalente, ou de perdas e danos, sem que se exclua aqui, para os casos de contratos bilaterais, a possibilidade de resolução por inadimplemento. Outro ponto a criticar-se é a assunção (apriorística!) de que se haveria de explicar, por um mesmo fundamento, todos as ações de que dispõe o figurante lesado; ora, a virtualidade do sinalagma pode consistir em explicar, especificamente, o remédio da resolução, para além da ação de execução das prestações inadimplidas. As perdas e danos podem ter, ainda, *outro* fundamento (*v.g.*, ocorrência de ato ilícito, absoluto ou relativo).

Sustentou-se ainda, a respeito da tese ora exposta, que existiria "inversão de causa e efeito", observando-se que "Desde o direito romano, quando vigia a oposta *independência* das obri-

reduzir (ou sugerir a redução) da figura a, apenas, *uma* categoria de negócios em que se manifesta o sinalagma; este, com efeito, se pode apresentar de diversas maneiras (*v.g.*, com todas as prestações *in obligatione*, ou com algumas prestações *in obligatione* e outras outorgadas já no negócio-base).

A figura da resolução, contudo, pode suscitar, relativamente à transação, uma questão importante: a resolução, que se permite, é da transação, em que se modificou determinado aspecto de uma relação jurídica (obrigacional) anterior, ou é da relação ou situação mesma? Poderíamos em princípio observar, com Segni, que "A resolução da transação, e a conseguinte revivescência [*sic*] da situação controversa, têm lugar apenas quando o inadimplemento diga respeito não a obrigações confirmadas ou modificadas com a transação, mas obrigações surgidas com esta. Apenas neste caso se pode falar de inadimplemento que não atinja também a relação antecedente, mas que se limita às mudanças aportadas pelo contrato transativo"[205].

gações, o desenvolvimento provável do instituto faz acreditar que o remédio resolutivo surgiu paulatinamente e foi plasmando a atual *interdependência*! Logo, inverter-se-ia a *ratio*: a resolução fundamenta a reciprocidade, e não o contrário, o que demonstra, sem delongas, a desvalia da tese" (Araken de Assis, *Resolução do contrato por inadimplemento cit.*, p.66). O argumento, contudo, necessita maior ponderação. No plano histórico, caberia ressaltar que não apenas a resolução, mas também outras figuras, como a já aludida *exceptio non adimpleti contractus*, foram plasmando a interdependência entre as obrigações, o que já de si excluiria qualquer determinação unívoca da resolução à interdependência das obrigações. Não é apenas este, porém, o foco da crítica. À parte a análise histórica, que não podemos empreender, há de se considerar que o que se investiga é a *ratio*, o *fundamento teórico* de determinada *figura normativa*, o que, parece-nos, não se confunde nem se reduz a uma suposta relação (histórica) de causalidade.

Necessário, contudo, é verificar a adequação deste fundamento ao direito vigente: é de se considerar que o art. 475 do Código Civil de 2002 já não se refere a contratos bilaterais e nem mesmo a contratos sinalagmáticos, mas apenas à "parte lesada pelo inadimplemento". Não é possível examinar-se, nesta sede, o alcance de que se pode revestir o preceito assim redigido, mas caberia, quando menos, destacar que uma hipótese freqüentíssima de lesão radica, exatamente, no descumprimento ou retardo, em relações sinalagmáticas, da prestação avençada, que pode tornar desequilibrada a relação, ou, no limite, tornar sem causa a obrigação.

[205] Mario Segni, Natura della transazione e disciplina dell' errore e della risoluzione, in *Rivista di diritto civile*, ano XXVIII, parte prima, Padova, CEDAM, 1982, p. 279. No original: "La risoluzione della transazione, e la conseguente revivescenza della situazione controversa,

A resolução *da transação* (não, também, do contrato anterior, sobre cuja relação se transige) se pode verificar, pois, em duas hipóteses principais. Uma, a da transação mista, em que, segundo Segni,

> "(...) surgindo novas obrigações de fundamental importância ao lado daqueles preexistentes, a relação originária entre a fazer parte de um esquema contratual mais amplo. Em face do inadimplemento de um dever surgido com a transação mesma, que representa o correspectivo da prossecução de uma situação jurídica incerta, é interesse do contraente obter a resolução da transação e a repristinação [*sic*] daquela situação incerta na qual avançara razões [depois] abandonadas em vista das contraprestações de que, pois, não obteve a satisfação"[206].

Contudo, a resolução da transação não se limita, como observa Mario Segni, apenas à transação mista. Com efeito,

> "É possível pensar-se em casos de transação que haja atuado ao interno da relação controversa [e] em que o inadimplemento diga respeito exatamente àquilo que se dispôs com a transação, e não as obrigações fundamentais da relação originária. Pode-se exemplificar com o exmplo de um acordo transativo em que as concessões recíprocas consistiram na constituição de obrigações acessórias dentro na relação originária (...). O inadimplemento de uma destas obrigações não prejudica [melhor diríamos: *pode não prejudicar*] a atuação do esquema de interesses disposto com o negócio originário (...) mas não permite realizar, justamente, as

hanno luogo soltanto quando l' inadempimento riguardi non obbligazioni confermate o modificate dalla transazione, ma obblighi sorti con questa. Solo in questo caso si puó parlare di inadempimento che non colpisca anche il rapporto antecedente, ma che si limita ai mutamenti apportati dal contratto transattivo".

[206] Mario Segni, Natura della transazione e disciplina dell' errore e della risoluzione, in *Rivista di diritto civile*, ano XXVIII, parte prima, Padova, CEDAM, 1982, p. 276. No original:

> "(...) sorgendo nuovi obblighi di fondamentali importanza accanto a quelli preesistenti, il rapporto originario entri a far parti di uno schema negoziale più ampio. Di fronte all' inadempimento di un obbligo sorto proprio con la transazione, che rappresenta il corrispettivo della prosecuzione di una situazione giuridica incerta, è l' interesse del contraente a ottenere la risoluzione della transazione e il ripristino di quella situazione incerta nella quale aveva avanzato pretese abbandonate in vista delle controprestazioni delle qualli non ha poi ottenuto la realizzazione".

> [prestações] correspectivas decididas, com a transação, para o encerramento da lide. A resolução concerne, portanto, aqui, as inovações postas com a transação, e não atinge a situação antecedente"[207].

Destarte, com a resolução, o que teríamos é, em princípio, a desconstituição, *ex tunc*, da eficácia do negócio transativo (seguindo-se aqui a lição corrente de implicar a resolução, em princípio, a desconstituição *ex tunc* da eficácia do contrato). O reconhecimento, que houvesse, já não irradiaria mais eficácia: a controvérsia se reabriria, cabendo verificar qual a real situação jurídica anterior. Se houve alguma posição jurídica constituída, ou ampliada, pelo reconhecimento, ou pelo negócio jurídico de modificação, tem-se-a como não constituída, ou não ampliada. Se, constituída, ou ampliada, se extinguiu (*v.g.*, pelo adimplemento) mister é procederem-se às restituições cabíveis, após se acertar, judicialmente, qual era a real situação jurídica anterior. A eficácia extintiva necessitará, ainda, ulterior análise dogmática: é possível conceber-se a reconstituição das posições jurídicas originárias, extintas pela transação, ou será necessário, uma vez definida qual era a situação jurídica anterior, constituirem-se novas dívidas, o mais possível semelhantes às que foram extintas, inclusive quanto às garantias?[208].

[207] Mario Segni, Natura della transazione e disciplina dell' errore e della risoluzione, in *Rivista di diritto civile*, ano XXVIII, parte prima, Padova, CEDAM, 1982, p. 280. No original:

> "Si possono pensare casi di transazione che abbia agito all' interno del rapporto controverso in cui l' inadempimento concerna proprio ciò che è stato disposto con la transazione, e non gli obblighi fondamentali del rapporto originario. Si può fare l' esempio di un accordo transattivo in cui le reciproche concessioni siano consistite nella costituzione di obblighi accessori dentro il rapporto originario (...). L' inadempimento di uno di questi obblighi non pregiudica [melhor diríamos: *pode não prejudicar*] l' attuazione dello shema di interessi disposto con il negozio originario, (...) ma non permete di realizzare proprio i corrsipettivi deccisi con la transazione per la chiusura della lite. La risoluzione riguarda perciò qui le innovazione disposte con la transazione, e non tocca la situazione antecedente".

[208] A primeira solução será admissível, à medida em que se considere que a eficácia extintiva não é definitiva, de molde a impedir qualquer retorno ao passado. É o que parece considerar certa parte da doutrina, ao permitir, *v.g.*, seja a remissão concebida sob condição resolutiva (neste sentido, C. Massimo Bianca, L' obbligazione, *in Diritto Civile*, v. IV, Milano, Giuffrè, [1999], p. 472). À evidência, não se trata, no caso sob análise, de condição, mas o exemplo demonstra que a eficácia da resolução pode ser, de alguma forma, subordinada, como o será, também neste caso, pela inserção da causa (casusa da transação, que é posteriormente resol-

Se se trata de união de negócios jurídicos, pode-se entender possível a aplicação analógica, à união de negócios jurídicos, da disposição sobre resolução dos contratos: uma vez que a causa supunha a comutatividade, o sinalagma, sinalagma este que se realizou pela conclusão de distintos negócios e que foi, posteriormente, frustrado pelo inadimplemento de um deles, quer-nos parecer possível que se pretenda a terminação "da transação", i.e., dos negócios jurídicos em conjunto, ou da causa (i.e., do acordo sobre a causa), atingindo, em conseqüência, todos os negócios jurídicos, que foram perpassados por esta causa (negócios estes que terão sua eficácia desconstituída *ex tunc*, se assim se desconstituiu a causa; a causa, perpassando os diversos negócios, torna sua eficácia dependente dela própria).

De notar-se, ainda, que a ação de resolução cabe também naquelas hipóteses em que o bem prestado sofre evicção. Importante notar neste ponto que, se o artigo 845 do novo Código Civil (art. 1.032 do Código Civil de 1916) exclui a terminação do contrato pela evicção, excluindo a ação (ou a pretensão e ação) de evicção, na forma dos arts. 447 ss., do Código Civil, não atenta ao remédio mais amplo da resolução por inadimplemento. As duas pretensões, com efeito, não se confundem[209], e as hipóteses de evicção dão azo, também, à resolução por inadimplemento. Com efeito, como observa Pontes de Miranda, "Antes da evicção, pode o outorgado vir a conhecer a *alienidade* do direito, o *gravame* ou a *restrição* ao direito que foi objeto do contrato oneroso. Pode exercer a pretensão à resolução do contrato, que é mais radical e mais enérgica"[210], acrescentando que "Depois da evicção, a pretensão à reso-

vida). Para logo, porém, surgiria o problema dos efeitos desta resolução relativamente aos terceiros garantidores da dívida, ainda a exigir melhor análise dogmática.

[209] A responsabilidade do outorgante pela evicção tem, como observa Pontes de Miranda, pressupostos próprios: "Antes de haver a ação de evicção, cujo exercício depende da evicção mesma, porque só então ela nasce, há a responsabilidade do outorgante pela evicção, *se causa de evicção existe*" (*Tratado de direito privado*, v. XXXVIII [1. ed.], Rio de Janeiro, Borsoi, 1962, p. 192, grifo nosso). *Possível* causa de evicção, acrescente-se. Com efeito, "O *periculum evictionis* [que, à evidência, não existirá em toda a prestação] cria o dever de resguardar da evicção e, conseqüentemente, a pretensão; do fato da evicção decorre a dívida pela evicção e o direito à prestação pela evicção" (*Tratado de direito privado*, v. XXXVIII *cit.*, p. 204).

[210] Pontes de Miranda, *Tratado de direito privado*, v. XXXVIII [1. ed.], Rio de Janeiro, Borsoi, 1962, p. 208.

lução e outras pretensões continuam"[211]. Com efeito, tem-se, na evicção, um caso de *adimplemento ruim*, que autorizaria a resolução do contrato. Observa Pontes de Miranda que "Com a decisão que produz a evicção, o elemento declarativo, que ela necessàriamente tem, põe claro que o adimplemento foi ruim, não satisfatório, mas a especialidade da responsabilidade pela evicção — vindo do fundo do antigo direito romano — consiste em se poder exigir conforme os arts. 1.109-1.115 do Código Civil"[212]. Especialidade, esta, que não preclui, à parte, o recurso à resolução do contrato.

[211] Pontes de Miranda, *Tratado de direito privado*, v. XXXVIII [1. ed.], Rio de Janeiro, Borsoi, 1962, p. 208.
[212] Pontes de Miranda, *Tratado de direito privado*, v. XXXVIII [1. ed.], Rio de Janeiro, Borsoi, 1962, p. 209.

CAPÍTULO 3
NOTAS SOBRE A EFICÁCIA DA TRANSAÇÃO

Introdução

Analisados, nos capítulos precedentes, os elementos, o conteúdo e a estrutura da transação, cabe sistematizar, neste capítulo, algumas observações gerais concernentes à eficácia da transação, examinado-se, em seguida, as regras específicas fixadas no art. 844 do Código Civil (art. 1.031 do Código Civil de 1916), relativas à eficácia da transação.

1. Eficácia constitutiva e declarativa na transação

A eficácia da transação constitui, tradicionalmente, matéria de intenso debate, polarizando-se as opiniões (não sem uma notável variedade de soluções) em torno das concepções declarativa e constitutiva da transação. Não será necessário, contudo, para esclarecimento da questão, reconstruir o desenvolvimento de semelhantes controvérsias, bastando ressaltar, primeiramente, os elementos favoráveis à concepção da eficácia constitutiva da transação, e precisando, em seguida, como se pode admitir que a transação produza uma "eficácia declarativa".

O primeiro elemento favorável à concepção da eficácia constitutiva da transação consiste, exatamente, na exigência de concessões mútuas (art. 840 do novo Código Civil; art. 1.025 do Código Civil de 1916), necessárias, como visto, à caracterização da transação. Segni, contudo, observa que as concessões que se fazem as partes, na transação, "referem-se às pretensões das partes, não à sua real situação jurídica. Se é assim, tal requisito não oferece por si indicações seguras sobre a inovatividade da transação em relação à relação litigiosa, porque nada impede que as partes, mesmo fazendo-se concessões a respeito das posições iniciais, atinjam, em seguida, o acordo sobre uma composição da lide correspondente à realidade que havia determinado a incerteza"[213]. Conquanto corretas as observações de Segni sobre a possibilidade de uma correspondência total entre o regramento posto pela transação e a situação jurídica anterior, não é possível concordar com a conclusão do autor, porquanto as regras aplicáveis à figura não comandam, nem poderiam, que a solução dos figurantes seja coincidente à situação jurídica anterior (aliás, é difícil conceber-se que as partes pudessem estar *certas* de uma tal coincidência). Destarte, é assim possível que varie imensamente o conteúdo da transação, tornando a aludida correspondência, apenas, uma eventualidade, sem se diminuir, pois, o valor deste elemento para a concepção da transação como negócio jurídico de (possível) eficácia constitutiva.

O segundo, digno de nota, é a reduzida influência do erro sobre a transação. O Código Civil de 1916 somente permitia a anulação da transação por vícios de vontade nos casos de "dolo, violência, ou erro essencial quanto à pessoa ou coisa controversa" (art. 1.030), preceito reproduzido, em sua essência, no novo Código Civil (art. 849, *caput*, que se refere, porém, à "coação", não mais à "violência"). A este preceito deve, ainda, coordenar-se outro, tradicionalmente apontado em matéria de transação, e concernente à irrelevância do erro sobre o *caput controversum*.

Neste sentido, observara Pontes de Miranda, em relação a este artigo, que "O art. 1.030, 2ª parte, de modo nenhum contém exceção ao princípio de que o *caput controversum* é inatingível pelo êrro. Apenas permite que, na extensão do *caput controversum*, se possa anular, por êrro sôbre a identidade, ou qualidade essencial da pessoa ou coisa, a transação, se

[213] Mario SEGNI, Natura della transazione e disciplina dell' errore e della risoluzione, in *Rivista di diritto civile*, ano XXVIII, parte prima, Padova, CEDAM, 1982, p. 254. As concessões "Si riferiscono alle pretese delle parti, non alla loro reale situazione giuridica. Se è così, tale requisito non offre di per sè indicazione sicure sulla innovatività della transazione rispetto al rapporto litigioso, perché nulla vieta che le parti, pur facendosi concessioni rispetto alle posizioni iniziali, trovino poi l' accordo su una composizione della lite corrispondente alla realtà che aveva determinato l' incerteza".

não foi isso mesmo que se controvertera"[214]. Como referido anteriormente, é irrelevante o erro sobre o *caput controversum* porque "Sôbre o *caput controversum*, dúvida houve, por definição; e um dos transatores necessàriamente errou. Não há invalidade por êrro quanto ao *caput controversum*: sôbre o ponto em que houve controvérsia, êrro de alguém houve"[215]. Trata-se de preceito decorrente da própria função da transação, consistente em *extinguir* determinada controvérsia, fixando a situação jurídica das partes. Este é, aliás, o fundamento da regra contida no art. 849, § único, do Código Civil de 2002, que, fundamentalmente semelhante ao art. 1.969 do código civil italiano, é expresso em estabelecer que "A transação não se anula por erro de direito a respeito das questões que foram objeto de controvérsia entre as partes" (embora se deva observar, neste ponto, que o erro de direito, enquanto constitua, apenas, erro sobre os *motivos*, como o caracteriza o art. 139, III, do Código Civil de 2002, já seria, a teor da regra do art. 849, *caput*, tornado irrelevante).

No que tange à irrelevância do erro sobre o *caput controversum*, cabe ainda observar que "como a controvérsia pode respeitar seja a questões de direito que a questões de fato, parece difícil explicar como se possa admitir a relevância do erro de fato sobre os pontos controversos sem que isto prejudique a superação definitiva da lide que é função essencial da transação"[216]. De toda forma, o que se há de ressaltar é que este princípio (ora expresso, ao menos parcialmente, pelo art. 849, § único, do novo Código Civil) evidencia a potencial eficácia constitutiva da transação. Com efeito, a irrelevância do erro sobre o *caput controversum* implica constituir-se, válida e eficazmente, a transação, ainda que seu regramento se afaste da real situação jurídica anterior.

[214] Pontes de Miranda, *Tratado de direito privado*, v. XXV [1. ed.] Rio de Janeiro, Borsoi, 1959, p. 156.

[215] Pontes de Miranda, *Tratado de direito privado*, v. XXV [1. ed.] Rio de Janeiro, Borsoi, 1959, p. 119.

[216] Mario Segni, Natura della transazione e disciplina dell' errore e della risoluzione, in *Rivista di diritto civile*, ano XXVIII, parte prima, Padova, CEDAM, 1982, p. 281. No original: "poiché la controversia può riguardare sia questioni di dirittto che questioni di fatto, sembra difficile spiegare come possa ammettersi la rilevanza dell' errore di fatto sui punti controversi senza che ciò pregiudichi il superamento definitivo della lite che è la funzione essenziale della transazione". No mesmo sentido, cf. Francesco Santoro-Passarelli, *La transazione*, 2. ed., Napoli, Jovene, 1986, p. 156.

Estes, pois, os elementos favoráveis à eficácia constitutiva, ou potencial eficácia constitutiva, da transação, e que necessitam ser harmonizados a alguns outros dados revelados pela disciplina da figura. Com efeito, o art. 843 (art. 1.027 do Código Civil de 1916) estabelece que, pela transação, "não se transmitem, apenas se declaram ou reconhecem direitos". É significativo que o Código tenha usado estes termos: em princípio, "declara-se", ou "reconhece-se" algo que lá estava, e que se põe às claras. Donde, pois, a idéia de manter-se, com a declaração ou reconhecimento, aquilo que se *de-clara*. Aliás a declaração, *como tal*, não poderia, a rigor, determinar qualquer eficácia no plano material. Como coordená-la, pois, com a possível eficácia constitutiva da transação?

Esta harmonização é possível se o "reconhecimento", ou a "declaração", constituírem, em verdade, não simples declarações, mas *negócios jurídicos*, *vinculando* as partes a seus termos, mas *mantendo* a anterior relação ou situação jurídica no que esta se conformar ao conteúdo do negócio. É necessário, parece-nos, conceber-se este reconhecimento ou esta declaração como negócios jurídicos, pois que se intenta, pela transação, estabelecer, em termos definitivos, a situação jurídico-material das partes. A *vinculação* talvez consista, aqui, em elemento chave para a conformação desta categoria de negócios: as partes se vinculariam a estabelecer, entre elas, determinada relação, com tal determinado conteúdo; se esta já existe, não se dá, por desnecessária, a sua extinção, e a constituição, *ex novo*, de uma relação semelhante. O negócio, nesta hipótese, não substituirá a relação jurídica (conquanto possa determinar algum efeito modificativo), embora permita afirmar que, da transação em diante, a relação jurídica entre as partes é tal como estabelecida pelo "reconhecimento". Destarte, o negócio, referindo-se a uma suposta situação anterior, mantém-na, no que o seu próprio conteúdo corresponda à situação anterior, declarada (ou reconhecida), ou a modifica, no que seja discrepante da situação jurídica anterior. Desta forma se preserva, quanto possível, o que há, na transação, de declaração, ou reconhecimento (e que os códigos civis brasileiros tanto parecem encarecer), sem se comprometer seja a extinção da controvérsia, seja a fixação das relações jurídicas entre as partes[217].

[217] Não nos parece correto, pois, anotar, como o fez Pontes de Miranda, que "O reconhecimento, a que se refere o art. 1.027, 2ª parte [art. 843, 2ª parte, do Código Civil de 2002],

Trata-se pois, como já se observou, e malgrado o nome ("reconhecimento"), de um *negócio jurídico de fixação*, cuja eficácia será variável, *in concreto*, conforme seu conteúdo coincida, ou se afaste, da situação jurídica anterior, justificando-se sempre, contudo, pela sua *função* (fixar a relação, ou situação jurídica das partes, ou determinado ponto de uma relação jurídica).

Cumpre apontar algumas conseqüências do modelo. É de se notar que, ao menos em princípio, não será possível às partes determinar qual haja sido a eficácia concretamente desempenhada pelo negócio. É de se notar, ainda, que um semelhante negócio pode ser uni ou bilateral. Assim, *v.g.*, se se controverte sobre a eficácia de um contrato, é possível *reproduzir* seus termos (em princípio, com as modificações que desejarem as partes) na transação (que deve ser, como já se observou, *apta* a constituir, no caso, *ex novo* a relação), sem que isto implique a substituição necessária da relação jurídica[218] (tratar-se-ia, à evidência, de negócio de fixação bilateral, a exigir o consenso das partes). Observe-se ademais que, antes que alguma preclusão, o que se dá, em verdade, é que, em

seria o puramente *declarativo*, e não o *constitutivo*, porque êsse é tratado como os atos transmissivos e os demais atos de disposição" (*Tratado de direito privado*, v. XXV [1. ed.] Rio de Janeiro, Borsoi, 1959, p. 166).

O artigo estabelece que, pela transação, não se transmitem, apenas se declaram ou reconhecem direitos; contrapõe, assim, a "transmissão" à "declaração" e ao "reconhecimento", os quais não podem importar, por si, transmissão de qualquer bem; não constituem, em si, modos de transmissão, como o é a tradição (ou o registro). Este, o significado do artigo. Significado, este, que Pontes de Miranda transformou (erroneamente, segundo nos parece) numa contraposição entre atos declarativos e dispositivos, devido a sua concepção do reconhecimento como, *apenas*, uma dação de declaração (cf. *supra*, Capítulo 2, item 3.2., nota n. 169), ou um acordo sobre dação de declaração, concepção esta inservível, quando se trata de estabelecer, no plano material, as relações jurídicas entre as partes. Para além disso, caberia notar que a distinção assumida por Pontes de Miranda supõe o retorno a momento anterior ao negócio, para se verificar se houve, apenas, declaração, ou, também, constituição, retorno que o negócio mesmo *exclui*, ao menos entre os figurantes, e relativamente à causa controversa, o que já de si mostra a desvalia, para a matéria, da distinção que Pontes de Miranda intentara empreender.

[218] No mesmo sentido, embora referindo-se à *rinnovazione*, Mario SEGNI, Natura della transazione e disciplina dell' errore e della risoluzione, in *Rivista di diritto civile*, ano XXVIII, parte prima, Padova, CEDAM, 1982, p. 271.

princípio, torna-se irrelevante o retorno ao momento anterior à transação para verificar se o contrato era, ou não, eficaz[219].

É comum hoje — ao menos no seio da doutrina italiana — negar-se a possibilidade de um "negócio de reconhecimento". O particular poderia apenas dispor das próprias relações jurídicas. Mas a tarefa de emitir juízos sobre as mesmas, esta é reservada ao Judiciário, ou, mais amplamente, aos órgãos investidos de jurisdição. Observa Santoro-Passarelli que "a *estrutura* do negócio, como comando destinado a valer por si, impede de reconhecer-lhe, ao lado da função dispositiva que lhe é própria, uma *função declarativa* ou de simples acertamento"[220]; destarte, a certeza que buscam as partes não se obtém senão "mediante a *substituição* de uma nova situação certa (aquela derivada do negócio) à precedente situação incerta"[221]. A questão radica, apenas, em se verificar a estensão em que se opera esta substituição: quando a controvérsia versar sobre a fonte mesma de uma relação (*v.g.* o contrato, que se discute existente, válido ou eficaz), esta fonte (e, pois, a relação originária) seria *substituída* pelo negócio de transação. Não assim, em princípio, se se controverte sobre o conteúdo da relação, *v.g.* sobre o montante da dívida.

Nas palavras de Santoro-Passarelli, "A distinção pode fundar-se sobre uma base conceitual, vislumbrando-se na transação novativa a composição da lide sobre o título, i.e., sobre o fato constitutivo mesmo da situação jurídica, então totalmente litigiosa; na transação não novativa a composição de uma lide sobre os efeitos do título, em que consiste a situação jurídica"[222]. Transação novativa é, para este autor, qualquer

[219] Para a discussão de algumas implicações — e limitações — do modelo, cf. *supra*, Capítulo 1, item 1.2.3.2., nota n. 56, e item 1.2.3.3., nota n. 67.

[220] Francesco Santoro-Passarelli, *La transazione*, 2. ed., Napoli, Jovene, 1986, p. 28. No original: "la *struttura* del negozio come comando destinato a valere di per sé impedisce di riconoscergli, accanto alla funzione dispositiva che gli è propria, una *funzione dichiarativa* o di semplice accertamento".

[221] Francesco Santoro-Passarelli, *La transazione*, 2. ed., Napoli, Jovene, 1986, p. 28. No original: "mediante la *sostituzione* di una nuova situazione certa (quella derivante dal negozio) alla precedente situazione incerta".

[222] Francesco Santoro-Passarelli, *La transazione*, 2. ed., Napoli, Jovene, 1986, p. 81. "La distinzione può fondarsi su una base concettuale, ravvisando nella transazione novativa la composizione della lite sul titolo, cioè sullo stesso fatto costititivo della situazione giuridica, allora totalmente litigiosa; nella transazione non novativa la composizione di uma lite sugli effetti del titolo, in cui consiste la situazione giuridica".

transação surgida em seguimento a uma controvérsia que atinja a fonte mesma da relação, em sua eficácia. E ainda: "Quando é questionado o fato constitutivo, a transação o suprime como fonte da relação controversa e o substitui: ainda que o fato, em verdade, existisse [e fosse eficaz, acrescentaríamos], a relação, depois da transação, dele não conserva traço"[223].

E ainda, Segni, ao expor esta concepção (da qual, aliás, discorda):

> "A solução da controvérsia não é alcançada por meio do *accertamento* da situação litigiosa, resultado que é estranho à autonomia negocial, mas pelo acordo das partes em determinar sua relação de modo definitivo e de todo autônomo. Isto não tolhe, evidentemente, a possibilidade de uma eventual coincidência entre a relação contestada e aquela sucessiva à transação. Mas, é claro que, ainda quando isto ocorra, é tal porque foi assim determinada no negócio transativo, de forma que é inconstestável o caráter dispositivo deste ato"[224].

Destarte, as concessões realizadas pelos figurantes são, sempre, constitutivas ou modificativas, sem haver, nos quadros da rigorosa concepção de Santoro-Passarelli, qualquer relevância causal para a eventual identidade entre a situação decorrente da transação e a situação anterior. A concepção, contudo, deixaria de considerar a possibilidade de um negócio com eficácia variável, pelo qual se pudesse, pois, manter a eficácia da precedente situação, no que esta não conflite com os termos do negócio.

[223] Francesco SANTORO-PASSARELLI, *La transazione*, 2. ed., Napoli, Jovene, 1986, p. 81-82. "Quando è in questione il fatto costitutivo, la transazione lo toglie di mezzo come fonte del rapporto controverso e lo sostiuisce: se anche il fatto, nella realtà, esisteva, il rapporto, dopo la transazione, non ne conserva traccia".

[224] Mario SEGNI, Natura della transazione e disciplina dell' errore e della risoluzione, in *Rivista di diritto civile*, Padova, CEDAM, 1982, parte prima, p. 259, *verbis*:

> La soluzione della controversia non viene raggiunta attraverso l' accertamento della situazione litigiosa, risultato che è estraneo all' autonomia negoziale, ma attraverso l' accordo delle parti di determinare il loro rapporto in modo definitivo e del tutto autonomo. Ciò non toglie evidentemente la possibilità di una eventuale coincidenza tra il rapporto contestato e quello successivo alla transazione. Ma è chiaro che, anche quando ciò avenga, la situazione successiva è tale perché cosí è stata determinata nel negozio transattivo, sicché è incontestabile il carattere dispositivo di tale atto.

Para além disto, a concepção de uma transação sempre constitutiva deixaria sem solução algumas questões: *quid inde*, se a relação anterior se houvesse produzido, e determinado efeito já não mais pudesse ser reproduzido pela transação? Segni alude à compensação de dívida e à transmissão do bem (que se opera, na Itália, *ex contractu*)[225]. Para além disto, cabe observar que a solução de uma eficácia variável permitiria melhor realização do intento das partes que, em princípio, não desejarão criar, sempre, uma nova relação. E mal se adequa, aliás, esta concepção de Santoro-Passarelli, ao modelo do Código Civil, que tanto encarece o que há, na transação, de "declaração" e "reconhecimento".

As considerações desenvolvidas *supra* permitem compreender o real significado das disposições sobre forma, constantes do art. 842 do Código Civil (arts. 1.028 e 1.029 do Código Civil de 1916): trata-se de fazer respeitar os requisitos formais a que estão sujeitos todos os demais negócios jurídicos, em vista da potencial eficácia constitutiva da declaração ou reconhecimento.

Como observa Pontes de Miranda, "A transação há de ter a forma que teria o negócio jurídico cujo conteúdo fosse o da modificação operada, ou do negócio jurídico cujos efeitos são por ela declarados"[226]. No caso da transação feita por termo nos autos e homologada, tem-se que "a homologação é pressuposto necessário, de forma, para os negócios jurídicos de transação por têrmo nos autos, no próprio plano do direito material"[227]. No mesmo sentido, Larenz observa que "La transacción está sujeta a forma cuando mediante ella se amplía una obligación o se acepta otra con carácter complementario para cuyo nacimiento la ley exige forma determinada"[228].

Feitas estas observações, pode-se passar à análise de algumas disposições especiais sobre a eficácia da transação.

[225] Cf. Mario Segni, Natura della transazione e disciplina dell' errore e della risoluzione, in *Rivista di diritto civile*, Padova, CEDAM, 1982, parte prima, p. 267.

[226] Pontes de Miranda, *Tratado de direito privado*, v. XXV [1. ed.] Rio de Janeiro, Borsoi, 1959, p. 134.

[227] Pontes de Miranda, *Tratado de direito privado*, v. XXV [1. ed.] Rio de Janeiro, Borsoi, 1959, p. 164.

[228] Karl Larenz, *Derecho de obligaciones*, v. I, Madrid, Editorial Revista de Derecho Privado, p. 139.

2. Disposições especiais sobre a eficácia da transação

Precedentemente, foram examinados determinados artigos que se referem à eficácia, ou a certa eficácia, da transação — maximamente, os artigos 843 e 845 do novo Código Civil (equivalentes, respectivamente, aos arts. 1.027 e 1.032 do Código Civil de 1916). Mas se há de aludir, também, ao art. 844 (art. 1.031 do Código Civil de 1916), cujos preceitos são de grande importância no que tange à eficácia da transação: a transação surte efeitos *inter partes* (*verbis*, "não aproveita, nem prejudica senão aos que nela intervieram"), ainda que diga respeito a coisa indivisível, mas (i) "Se for concluída entre o credor e o devedor principal, desobrigará o fiador", (ii) "Se entre um dos credores solidários e o devedor, extingue a obrigação deste para com os outros credores"; (iii) "Se entre um dos devedores solidários e seu credor, extingue a dívida em relação aos co-devedores". Estes preceitos merecem ulterior análise.

A eficácia da transação opera, em princípio, *inter partes*. Mas para logo se há de notar, contudo, que pode haver relações jurídicas dependentes daquela sobre que se transige. Assim, para aludir-se ao exemplo de Carresi[229], relativamente a uma transação pela qual se extingue a relação de locação, ruindo, em conseqüência, a relação de sublocação. No que tange ao direito brasileiro, caberia aludir, no ponto, ao art. 15 da Lei n. 8.245/91, a teor da qual "Rescindida ou finda a locação, qualquer que seja a sua causa, resolvem-se as sublocações, assegurado o direito de indenização do sublocatário contra o sublocador". Idem, assim, a relação de fiança, se se extingue a relação principal, mas, quanto a esta, se há de examinar o preceito especifico que o Código lhe dedica.

No que tange à indivisibilidade, o Código regra, expressamente, o caso de pluralidade de credores de obrigação indivisível. Se houver mais de um credor, estabelece o Código, cada qual poderá exigir a dívida inteira (art. 260 do Código Civil; art. 892 do Código Civil de 1916). Ademais, cada qual pode, inclusive, remitir a dívida (art. 262 do Código Civil; art. 894 do Código Civil de 1916). Estabelece este artigo que "Se um dos credores remitir a dívida, a obrigação não ficará extinta para com os outros; mas estes só a poderão exigir, descontada a quota do credor remitente"; o parágrafo único do mesmo artigo estende o critério aos casos de transação, novação, compensação ou confusão.

[229] Cf. Franco Carresi, *La transazione*, 2. ed., Torino, UTET, 1966, p. 199-200.

Donde, pois, se uma transação se fizer entre o devedor e um dos credores de obrigação indivisível, e esta importar na extinção da obrigação, tratar-se-á de extinção do vínculo relativamente àquele credor, permanecendo aos outros a faculdade de haver, ainda, a prestação, descontada a quota do credor remitente.

Importa pois, agora, relevar as disposições especiais do art. 844 em matéria de fiança e obrigações solidárias.

Estabelece o art. 844, § 1º, (art. 1.031, § 1º, do Código Civil de 1916) que "Se [a transação] for concluída entre o credor e o devedor, desobrigará o fiador". Para Clóvis Beviláqua, era simples a *ratio* do preceito: a regra seria conseqüência de que "extincta a obrigação principal, extingue-se, egualmente, a accessoria"[230]. Igualmente, para Lacerda de Almeida, o preceito funda-se em que "a dependencia e subordinação que existe entre a dívida principal e a fiança não permite que esta subsista depois de extincta aquella"[231]. Com isto, o preceito apenas sancionava a conseqüência (extinção da fiança) que haveria de ter, *sempre*, a extinção da dívida, qualquer que fosse sua causa. De nossa parte, observamos que se haveria de tratar não apenas da extinção da dívida, mas, também, de qualquer resultado, produzido pela transação, que se possa reconduzir ao art. 838 do Código Civil (art. 1.503 do Código Civil de 1916), que indica quais os atos que desobrigam o fiador (assim, *v.g.*, a concessão de moratória ao devedor — cf. art. 838, I; ou a aceitação de bem diverso em pagamento da dívida — art. 838, III).

A redação do artigo, contudo, é mais ampla; alude à celebração de transação, *tout court*; não, ao conteúdo ou aos resultados desta. Pontes de Miranda se ressente dos termos amplos em que se versa o preceito e sustenta que o "havemos de considerar *ius dispositivum*. Evitam-se, assim, as más conseqüências da regra jurídica, estabelecendo-se que o fiador não fica desobrigado. A êsse cabe alegar e provar que houve novação, e não transação; ou que o elemento novativo introduzido na transação lhe agravou a situação jurídica"[232].

230 Clovis Bevilaqua, *Codigo Civil dos Estados Unidos do Brasil commentado*, v. IV, Rio de Janeiro, Francisco Alves, 1917, p. 186.

231 Lacerda de Almeida, *Dos effeitos das obrigações*, Rio de Janeiro, Freitas Bastos, 1934, p. 308.

232 Pontes de Miranda, *Tratado de direito privado*, v. XXV [1. ed.] Rio de Janeiro, Borsoi, 1959, p.174.

Não se tire, daí, qualquer argumento a favor da constitutividade necessária da transação. Semelhante conclusão se chocaria, como demonstrado, com as regras mais gerais da transação (*v.g.*, art. 843, que alude à declaração ou reconhecimento). O que se poderia admitir, se tanto, é que o Código haja estabelecido, em termos amplíssimos, uma regra de proteção ao fiador que, (aparentemente) em qualquer caso, estaria eximido de provar os efeitos da transação sobre sua situação jurídica, porque a celebração mesma de transação lhe haveria liberado. É de se perguntar, contudo, se é este o escopo do dispositivo ora sob análise ou se, ao contrário, a redação (infeliz) do dispositivo se deve, apenas, à persistência da visão da transação como sendo, sempre, ato extintivo de obrigações, havendo-se pois de restringir a interpretação do artigo e, sendo reconhecida (não extinta, nem substituída) a dívida antiga, ficar ao fiador o ônus de alegar e provar a eventual piora de sua situação.

Observações semelhantes cabem em relação aos dois preceitos seguintes, relativos à solidariedade ativa e passiva nas obrigações. Para Beviláqua, o fundamento, neste passo, era igualmente claro. Observa o autor, relativamente aos casos de solidariedade passiva, que "Sendo a transação operação que importa pagamento e remissão, é fora de dúvida que aproveita aos co-devedores solidários"[233]. O jurista não o diz, mas a conseqüência das postulações é inevitável: se a figura importa, sempre, extinção de obrigações, a transação feita entre um dos credores solidários e o devedor extingue a obrigação deste para com os outros credores, justificando assim o outro dispositivo do artigo. De notar-se que "Há solidariedade, quando na mesma obrigação, concorre mais de um credor, ou mais de um devedor, cada um com direito, ou obrigado, à dívida toda" (art. 264 do novo Código Civil; art. 896, § único, do Código Civil de 1916). Donde se haver de concluir, rigorosamente, que a extinção da obrigação há de atingir a todos os figurantes. Aliás, é o que dispõe o art. 272 ("O credor que tiver remitido a dívida ou recebido o pagamento responderá aos outros pela parte que lhes caiba"; idem, art. 903 do Código Civil de 1916).

Pontes de Miranda, a propósito da interpretação destes preceitos, aludira, inicialmente, aos artigos 900 e 903 do Código Civil de 1916

[233] Clovis Bevilaqua, *Codigo Civil dos Estados Unidos do Brasil commentado*, v. IV, Rio de Janeiro, Francisco Alves, 1917, p.187.

(arts. 269 e 272 do novo Código Civil) que tratam, exatamente, dos efeitos do pagamento ou remissão nas obrigações solidárias[234]. A referência a estes artigos para logo indicaria a redução do campo de aplicação das regras relativas à solidariedade aos casos da extinção da relação jurídica originária. Contudo, o autor não parece aderir a solução semelhante: pouco adiante observa, com efeito, que "Em qualquer das espécies, a *ratio legis* é que a transação se trata como o pagamento, uma vez que ela tem a função de extinguir a incerteza quanto à existência ou a validade do negócio jurídico ou, em geral, quanto à existência da dívida"[235]. Ora, "extinguir a incerteza" é muito diferente de "extinguir-se a dívida". A incerteza se extingue quer com a extinção da dívida, quer com seu reconhecimento, ou sua fixação, em determinado valor. Donde a erronia de se ver, na transação, ato extintivo de obrigações, e se haver de defrontar, pois, com os termos amplos destes parágrafos, que não aludem a qualquer conteúdo ou efeito da transação. Pontes de Miranda sustenta serem *ius dispositivum* estes dois preceitos relativos à solidariedade[236], o que é, se tanto, minorar, não eliminar o problema. Quer-nos parecer que o artigo, mais que desejar, eventualmente, proteger os demais figurantes na relação de solidariedade, destinava-se, apenas, a ressaltar que os efeitos da transação se projetam noutras partes, quando a relação una, como na solidariedade, ou acessória, como na fiança, é atingida (extinta) pela transação. Mas a grave confusão histórica de se ter a transação, sempre, como ato extintivo de obrigações levou os preceitos a serem formulados aludindo, *tout court*, à celebração da transação, não a seu conteúdo ou seus efeitos, donde as dificuldades de interpretação do art. 844 e, também, do art. 1.031 do Código Civil de 1916.

Assim, os preceitos do art. 1.031 apenas teriam cabimento quando a transação implicasse em remissão de dívida ou na satisfação desta ou, ainda, em sua *substituição* (não a mera constituição, porque esta apenas

[234] Cf. Pontes de Miranda, *Tratado de direito privado*, v. XXV [1. Ed.] Rio de Janeiro, Borsoi, 1959, p. 172.

[235] Pontes de Miranda, *Tratado de direito privado*, v. XXV [1. ed.] Rio de Janeiro, Borsoi, 1959, p. 172.

[236] Pontes de Miranda, *Tratado de direito privado*, v. XXV [1. ed.] Rio de Janeiro, Borsoi, 1959, p. 173.

poderia determinar efeito *inter partes*, mas a substituição de uma posição jurídica anteriormente existente por outra nova)[237].

3. Uma nota sobre a *exceptio litis per transactionem finitae*

Estabelecia o art. 1.030 do Código de 1916 que a transação possui efeito de coisa julgada, preceito aliás não repetido no novo Código Civil. Sem proceder, neste momento, a exame exaustivo de seu significado, cabe notar que a doutrina daí extraía a secularmente referida *exceptio litis per transactionem finitae*. À vista do exame conduzido, cabe notar que a eficácia da transação se pode explicar, suficientemente, pela sua natureza negocial, sem a necessidade de qualquer assimilação à coisa julgada, e que sua eficácia de modo nenhum se reduz ao que, hoje, designamos exceção.

[237] No caso da fiança, e pela disciplina específica do instituto, também deve restar liberado o fiador quando nas hipóteses do art. 838 do Código Civil de 2002.

CAPÍTULO 4
OBSERVAÇÕES FINAIS

Neste capítulo, pretende-se sintetizar as principais conclusões hauridas na pesquisa.

1. Conclusões do Capítulo 1

1.1. São dois os elementos essenciais à transação: a reciprocidade de concessões e a referência, feita no negócio, à finalidade de prevenção ou término do litígio.

1.2. Não concorrendo o elemento das concessões recíprocas, não se caracteriza a transação, ainda que presente o elemento da "prevenção ou término do litígio", mas, apenas, um negócio inominado voltado à extinção da controvérsia.

1.3. A reciprocidade de concessões, conquanto elemento essencial à transação, não serve a caracterizá-la, nem possui a transação algum conteúdo exclusivo, ou constante (característico), que sirva a caracterizar a figura. Nem mesmo o conjunto de concessões que se outorgam os figurantes pode servir a caracterizar a transação. Necessário, pois, o concurso de outro elemento.

1.4. Este elemento é determinado a partir da causa da transação, causa esta que se pode conceituar, *em primeira aproximação*, como o escopo de prevenção ou término do litígio. Contudo, a causa não pode ser, como tal, elemento caracterizador da figura; a finalidade ou função de um ente não é elemento constitutivo dele mesmo[238]. Elemento característico será, sim, a *referência*, contida na figura, ao escopo de prevenção ou término do litígio.

1.5. A transação apresenta uma causa complexa, em que se articulam a referência a um fato anterior, que é a controvérsia (causa pressuposta) e a finalidade de extinguí-la (causa final).

1.6. "Litígio" é termo que não figura, nos artigos que o Código Civil dedicou à transação, como sinônimo de controvérsia, mas sim de controvérsia judicial. A função de "prevenir ou terminar o litígio" se resolve, pois, na extinção da controvérsia. A controvérsia é um pressuposto da transação, e é a partir dos termos da controvérsia que em princípio se identificam, na transação, as concessões feitas pelas partes (salvo, evidentemente, aquelas concessões relativas a pontos não controversos da relação jurídica, ou a relações estranhas à relação jurídica atingida pela controvérsia).

1.7. A causa da transação, contudo, não se cinge à extinção da controvérsia *tout court* mas, sim, consiste na extinção da controvérsia mediante uma determinada sistematização de interesses, fixada pelas partes. Deve-se notar, neste ponto, que é a partir do conteúdo de cada transação que se determinam as finalidades específicas que integram a causa concreta da transação, e que se podem traduzir, inclusive, no escopo de realização da causa da relação originária, que fora atingida pela controvérsia.

1.8. No que tange ao exame das relações entre a transação e a controvérsia havida entre as partes, verificou-se que a transação se volta, *em princípio*, para a superação da controvérsia concretamente surgida entre

[238] Neste sentido, cf. Antônio Junqueira de Azevedo, *Negócio jurídico* — existência, validade e eficácia, 2. ed., São Paulo, Saraiva, 1986, p. 174.

os figurantes (i.e., das questões concretamente surgidas entre as partes, como refere Santoro-Passarelli[239], e apenas destas). Esta, pois, em princípio, a extensão do *caput controversum*. Contudo, há casos em que o regramento posto pela transação *ultrapassa* esta específica finalidade concreta, extinguindo a controvérsia e, ao mesmo tempo, superando *outros* defeitos de que as partes sequer cogitaram; nestes casos, é possível que a ausência de meios de defesa para os figurantes termine por implicar uma redefinição da causa da transação[240].

1.9. Noutros casos, é a própria causa da transação que não se podia compor como a conceberam as partes, embora o regramento posto pela transação seja, em si, suficiente a constituir uma determinada relação jurídica. Para casos semelhantes, propôs-se uma forma de tutela da vontade dos figurantes (de ambos os figurantes) a partir da causa ou, mais precisamente, da referência à causa, contida na figura, referência esta que se pode entender como *inexa* às manifestações de vontade (quer-se apenas para aquele determinado fim), com o que se poderia argumentar pela ineficácia da transação em semelhantes casos[241].

1.10. A transação, quando simplesmente modificativa, não pode irradiar qualquer efeito, se inexistente a relação jurídica anterior, que ela modificaria.

1.11. A causa da transação determina o princípio, apontado pela doutrina, da irrelevância do erro sobre o *caput controversum* da transação. É de se notar, contudo, que a regra expressa, nas codificações civis brasileiras, é a da só relevância, na transação, "do erro essencial quanto à pessoa ou coisa controversa" (art. 849, *caput*, do Código Civil de 2002), regra que a doutrina se encarregou de harmonizar à irrelevância do erro sobre o *caput controversum* da transação. A regra do art. 849, *caput*, aliás, parece já incluir o preceito do art. 849, § único ("A transação não se anula por erro de direito a respeito das questões que foram objeto de controvérsia entre as partes"), ao menos à medida em que o erro de

[239] Francesco SANTORO-PASSARELLI, *La transazione*, 2. ed., Napoli, Jovene, 1986, p. 157.

[240] Cf. Capítulo 1 *supra*, item 1.2.3.3.

[241] Cf. Capítulo 1 *supra*, item 1.2.3.3.

direito se constitua, apenas, em erro sobre os motivos, como referido no art. 139, III, do Código Civil.

1.12. A regra que prescreve a nulidade da transação a respeito de litígio decidido por sentença transitada em julgado, se desta não tinha ciência algum dos figurantes, pode ser reconduzida à causa da transação, encontrando nesta seu fundamento.

1.13. A tradicional distinção da transação em "transação simples" (ou "pura") e "transação mista" não é rigorosa, uma vez que ambas são igualmente recondutíveis à definição de transação fixada no art. 840 do Código Civil. A chamada transação mista não configura, em princípio, um negócio jurídico misto.

1.14. A "transação novativa" exorbita do esquema típico da transação.

2. Conclusões do Capítulo 2

2.1. Pretendeu certa parte da doutrina reduzir a transação a ato extintivo de obrigações, com o que, alegava-se, a transação já não se poderia classificar como um contrato (figura destinada, fundamentalmente, à constituição de obrigações). Todavia, (i) esta concepção do contrato como ato apenas constitutivo de obrigações não corresponde ao sistema dos códigos civis brasileiros (de sorte que, ainda que a transação se pudesse reduzir a ato extintivo de obrigações, não seria, por tal, excluída da categoria dos contratos); e (ii) a transação não se reduz a ato extintivo de posições jurídicas, mas, sim a ato voltado à extinção (superação) de uma controvérsia, superação esta que pode ocorrer, *v.g.*, seja pela extinção de uma posição jurídica, seja pelo seu reconhecimento.

2.2. Também não é possível reduzir-se a transação a um contrato puramente obrigacional, que apenas obrigue os figurantes a realizar determinados atos, ou celebrar determinados negócios, pelos quais se atinja, efetivamente, a superação da controvérsia. Um semelhante contrato obrigacional, conquanto não se possa classificar como mero contrato preliminar, seria atípico, não se reconduzindo à definição de transação inserta nos códigos civis, as quais indicam que é *pela* transação (i.e., pelas concessões insertas na transação) que se extingue a controvérsia[242]. Para além disto, a cisão entre contrato base e atos ou negócios de execução poderia determinar problemas à própria caracterização dos negócios de execução, bem como implicaria em tutela deficiente aos figurantes nas hipóteses de inexistência, invalidade ou ineficácia do negócio obrigacional, à medida em que os negócios de execução poderiam não ser, em princípio, contagiados pelo défice do contrato obrigacional.

2.3. O exame das disposições usualmente contidas na transação revelou que, na figura, podem não ocorrer (especialmente no que tange à extinção da controvérsia), renúncia, remissão ou negócio jurídico de modificação "puros", mas sim negócios complexos, com possível eficácia extintiva ou modificativa, figuras a que designamos "negócios jurídicos de fixação". Pode dar-se que estes negócios sequer determinem modificação, ou extinção (*v.g.*, a posição jurídica que se disse extinguir em verdade não existia). Mesmo nestes casos, contudo, os negócios jurídicos desempenham sua função, que é a de tornar certa a situação jurídica das partes (*v.g.*, o valor da dívida é aquele fixado com a transação; é certo que tal ou qual posição não existe, pouco importando se existia, e se extinguiu, ou se não existia, e o negócio apenas torna claro que não existe). Também o "reconhecimento", à medida em que implica a vinculação das partes a determinada situação jurídica, com tal determinado conteúdo, pode simplesmente nada modificar à situação jurídica anterior, exercer eficácia modificativa ou, no limite, constituir nova relação jurídica.

2.4. A concorrência de distintas disposições na transação suscita a questão de se saber quando se está diante de um contrato ou, ao

242 A inserção de disposições obrigacionais se verifica, na transação, fundamentalmente em relação àquelas prestações que, na chamada "transação mista", desbordam do objeto da controvérsia. A previsão, *in obligatione*, dos negócios necessários à extinção da controvérsia apenas se poderia admitir mediante uma reinterpretação do preceito do art. 840, considerando-se ser tipológica, não rigidamente conceitual, a caracterização que nele se faz da transação. Para além disso, há a possibilidade de modificação da relação jurídica originária pela inserção de novas obrigações (*v.g.*, deveres acessórios).

contrário, de uma união de negócios jurídicos. Há dois casos, ao menos, em que nos parece ocorrer a união: quando ocorrer, no suporte fático da transação, alguma disposição que não se revista de natureza contratual (*v.g*, negócios jurídicos unilaterais), ou quando as distintas disposições da transação, ainda que revestidas, todas, de natureza contratual, incidam sobre, ou constituam, distintas relações jurídicas. A união, será, nestes casos, união interna, causal, sendo cada negócio perpassado pela causa da transação e tornados reciprocamente dependentes, uma vez que a causa da transação, que perpassa os distintos negócios, depende de todos e cada um destes.

2.5. É a partir deste esquema causal que se desenham, para a união de negócios jurídicos, as soluções aplicáveis à invalidade, ineficácia, ou inadimplemento de determinado negócio do conjunto ou, ainda, ao défice da própria causa da transação.

3. Conclusões do Capítulo 3

3.1. A concepção dos "negócios jurídicos de fixação", aptos a manter a situação jurídica anterior, no que esta seja conforme ao conteúdo do negócio, ou modificá-la, na hipótese contrária (inclusive, no limite, constituindo nova situação jurídica) permite a harmonização das eficácias constitutiva e "declarativa" da transação.

3.2. Os efeitos da transação se operam *inter partes*; é o princípio. Todavia, não se deve descurar que a extinção de determinada relação arrastará consigo as relações dela dependentes.

3.3. Os §§ 1º-3º do art. 844 do Código Civil de 2002, malgrado sua redação ampla, não foram concebidos, segundo nos parece, para conferir alguma proteção especial, de âmbito mais extenso, a fiadores ou figurantes em relações jurídicas solidárias mas, simplesmente, para indicar que os efeitos da transação, quando a relação jurídica é una, como nas obrigações solidárias, ou acessória, como na fiança, se pode projetar a terceiros não participantes do ato. A redação ampla dos dispositivos foi determinada, provavelmente, pela errônea redução da transação a um ato extintivo de obrigações.

REFERÊNCIAS

ALLARA, Mario. *Le fattispecie estintive del rapporto obbligatorio.* Torino, Giappichelli [1952] 317 p.

------------. *La teoria delle vicende del rapporto giuridico.* Torino, Giappichelli [1950] 283 p.

ARAKEN DE ASSIS. *Cumulação de ações,* 4. ed. São Paulo, RT [2002] 314 p.

ARNDTS, Lodovico. *Trattato di diritto delle pandette,* v. II. Bologna, Tipi Fava e Garagnani, 1880, 576 p.

ASCARELLI, Tullio. Arbitrati liberi e negozio di accertamento, ***in*** *Studi in tema di contratti.* Milano, Giuffrè, 1952, p. 205-260.

-----------------. Negozio indiretto, ***in*** *Studi in tema di contratti.* Milano, Giuffrè, 1952, p. 3-93.

-----------------. Titoli causali e negozio d' accertamento, ***in*** *Saggi giuridici.* Milano, Giuffrè, 1949.

BARASSI, Lodovico. *La teoria generale delle obbligazioni.* Milano, Giuffrè, 1948, v. I (xii-344 p.), v. II (xiv-576 p.), v. III (xiii-517 p.).

BAUDRY-LACANTINERIE, G.; WAHL, A. *Trattato teorico — pratico di diritto civile;* dei contratti aleatori, del mandato, della fideiussione, della transazione. Milano, Vallardi [s.d.] lxxvi-800 p.

BERNARDES DE MELLO, Marcos. *Teoria do fato jurídico* — plano da existência, 9. ed. São Paulo, Saraiva, 1999, xxvi-247 p.

BERTOLINI, Cesare. *Della transazione secondo il diritto romano.* Torino, UTET, 1900, xii-422p.

BETTI, Emilio. *Il concetto della obbligazione costruito dal punto di vista dell'azione.* Pavia [?] 1920, viii-258 p. (exemplar sem frontispício).

---------. Cosa giudicata e ragione fatta valere in giudizio, ***in*** *Rivista del diritto commerciale.* Milano, Vallardi, v. XXVII, parte I, 1929, p. 544-561.

---------. *Diritto processuale civile italiano,* 2. ed. Roma, Il Foro Italiano, 1936, xxxvi-752 p.

BETTI, Emilio. *Interpretazione della legge e degli atti giuridici*; teoria generale e dogmatica. Milano, Giuffrè, 1971, xx-500 p.

----------. *Istituzioni di diritto romano.* Padova, CEDAM, v. I (1947, xxii-517 p.), v.2 (1960, ix-558 p.).

----------. *Teoria generale del negozio giuridico*; ristampa corretta della II edizione. Napoli, Edizioni Scientifiche Italiane, 1994, xxiii-624 p.

---------. *Teoria generale delle obbligazioni.* Milano, Giuffrè, v.I (1953, 204 p.), v. II (1953, 157 p.), v. III (1954, 160 p.), v. IV (1955, 271 p.).

---------. Ragione e azione, ***in*** *Rivista di diritto processuale civile.* Padova, CEDAM, v.IX, parte I, 1932, p. 205-237.

---------. Causa del negozio giuridico, ***in*** *Novissimo digesto italiano,* v. III. Torino, UTET [s.d.] p. 32-40.

BEVILÁQUA, Clóvis. *Código Civil dos Estados Unidos do Brasil commentado,* v. IV. Rio de Janeiro, Francisco Alves, 1917, 453 p.

-----------------. *Theoria geral do direito civil,* 2. ed. Rio de Janeiro, Freitas Bastos, 1929, 444 p.

BIANCA, C. Massimo. Il contratto, ***in*** *Diritto civile,* v. III, 2. ed. Milano, Giuffrè, 2000, iv-754 p.

BIANCA, C. Massimo. L' obbligazione, ***in*** *Diritto civile,* v. IV. Milano, Giuffrè [1999] 819 p.

BIONDI, Biondo. *Contratto e stipulatio*; corso di lezioni. Milano, Giuffrè, 1953, viii-385 p.

BONFANTE, Pietro. Il contratto e la causa del contratto, ***in*** *Rivista del diritto commerciale.* Milano, Vallardi, v.VI, parte I, 1908, p. 111-125.

BOYER, Louis. *La notion de transaction*; contribution à l' étude des concepts de cause et d' acte déclaratif. Paris, Sirey, 1947, iv-509 p.

BUTERA, Antonio. *La definizione dei rapporti incerti*: delle transazioni. Torino, UTET, 1933, xv-586 p.

BUZAID, Alfredo. *A ação declaratória no direito brasileiro,* 2.ed. São Paulo, Saraiva, 1986, xv-422 p.

CALASSO, Francesco. *Il negozio giuridico*; lezioni di storia del diritto italiano, 2.ed. Milano, Giuffrè, 1959, xi-370 p.

CAMPOS FILHO, Paulo Barbosa de. *O problema da causa no Código Civil Brasileiro.* São Paulo, Max Limonad [s.d.] iii-170 p.

Candian, Aurelio. *Documento e negozio giuridico*. Parma, Cooperativa Parmense, 1925, vii-151 p.

Capitant, Henri. *De la cause des obligations*; contrats, engagements unilatéraux, legs. Paris, Dalloz, 1924, 506 p.

Cariota-Ferrara, Luigi. *Il negozio giuridico nel diritto privato italiano*. Napoli, Morano [s.d.] 742p.

Carnelutti, Francesco. Diritto e processo nella teoria delle obbligazioni, ***in*** *Studi in onore di Giuseppe Chiovenda*. Padova, CEDAM, 1927, p. 221-341.

------------------. Documento e negozio giuridico, ***in*** *Rivista di diritto processuale*. Padova, CEDAM, v. III, parte I, 1926, p. 181-220.

------------------. Note sull' accertamento negoziale, ***in*** *Rivista di diritto processuale civile*. Padova, CEDAM, v. XVII, parte I, 1940, p. 3-24.

------------------. *Sistema di diritto processuale civile*, v. I. Padova, CEDAM, 1936, viii-984 p.

------------------. Sulla causa della transazione, ***in*** *Rivista di diritto commerciale*. Milano, Vallardi, v. XII, parte II, 1914, p. 573-583.

------------------. *Teoria generale del diritto*, 3. ed. Roma, Foro Italiano, 1951, xx- 431 p.

------------------. La transazione è un contratto?, ***in*** *Rivista di diritto processuale*. Padova, CEDAM, v. 7, parte I, 1953, p.185-190.

Carresi, Franco. *La transazione*, 2. ed. Torino, UTET, 1966, xii-240 p.

-------------. Transazione, ***in*** *Novissimo Digesto Italiano*, v. XIX. Torino, UTET [1973] p. 481-505.

Carvalho de Mendonça, Manuel Inácio. *Doutrina e prática das obrigações* – ou tratado geral dos dirteitos de crédito, 4. Ed. Rio de Janeiro, Forense, 1956, v.1 (765 p.), v. 2 (538 p.).

Castro, Torquato. *Da causa no contrato*. Recife, Imprensa Universitária, 1966, 56 p.

------------. *Teoria da situação jurídica em direito privado nacional*. São Paulo, Saraiva, 1985, x-185 p.

Carvalho Santos, J. M. *Código Civil brasileiro interpretado* (principalmente no ponto de vista prático), v. XIII, 3.ed. Rio de Janeiro, Freitas Bastos, 1945.

Chevrier, Georges. *Essai sur l'histoire de la cause dans les obligations* (droit savant du moyenage — ancien droit français). Paris, Sirey, 1929, xi-260 p.

Chiovenda, Giuseppe. *L'azione nel sistema dei diritti*. Bologna, Zanichelli, 1903, 128 p.

------------------. Azioni e sentenzi di mero accertamento, ***in*** *Rivista di diritto processuale civile*. Padova, CEDAM, v. X, parte I, 1933, p. 3-31.

-----------------. *Instituições de direito processual civil*, v. I, 2. ed. São Paulo, Saraiva, 1965, xxvi-429 p.

Comparato, Fábio Konder. *Essai d'analyse dualiste de l'obligation en droit privé*. Paris, Dalloz, 1964, iii-241 p.

Corrado, Renato. *Il negozio d'accertamento*. Torino, Istituto Giuridico, 1942, 294 p.

Costanza, Maria. *Obbligazione solidale e transazione*. Milano, Giuffrè, 1978, 94 p.

Couto e Silva, Clóvis V. do. *A obrigação como processo*. São Paulo, Bushatsky, 1976, 225 p.

Crome, Carlo. *Parte generale del diritto privato francese moderno*. Milano, S.E.L., 1906, x-506 p.

-----------. *Teorie fondamentali delle obbligazioni nel diritto francese*. Milano, S.E.L., 1908, vii-412 p.

Cruz e Tucci, José Rogério. *A* causa petendi *no processo civil* [1. ed.]. São Paulo, RT [1993] 212 p.

D' Onofrio, Paolo. Transazione, ***in*** Scialoja, A.; Branca, G. *Commentario del Codice Civile*, Libro Quarto, art. 1960-1991. Bologna / Roma, Zanichelli / Foro Italiano, 1959, xviii-422 p.

Del Prato, Enrico. *Transazione* (diritto civile), *in Enciclopedia del diritto*. Milano, Giuffrè, v. XLIV, p. 771-867.

Demogue, René. *Traité des obligations en général*, v. II, 1. ed. Paris, Arthur Rousseau, 1923, 969 p.

Dernburg, Arrigo. *Diritto delle obbligazioni*. Torino, Bocca, 1903, xiv-652 p.

Domingues de Andrade, Manuel. *Teoria geral da relação jurídica*. Coimbra, Almedina, v. 1 (1966, vii-302 p.), v. 2 (1964, 480 p.).

Enneccerus, L.; Nipperdey, H. K. Derecho civil; parte general, ***in*** Enneccerus-Kipp-Wolff. *Tratado de derecho civil*. Barcelona, Bosch, t. I, v. 1 (2ª ed. [1953] xxi-647 p.), v. 2, partes 1ª e 2ª (3ª ed. [1981] xxviii + xxviii-1143p.).

Enneccerus, L.; Lehmann, H. Derecho de obligaciones, ***in*** Enneccerus--Kipp-Wolff. *Tratado de derecho civil*. Barcelona, Bosch, t. II, v. 1 (2ª ed. [1954] xx-504 p.), v. 2, partes 1ª e 2ª (3ª ed. [1966] xxii + xxii-1260 p.).

Espínola, Eduardo. *Garantia e extinção das obrigações*, 1. ed. Rio de Janeiro, Freitas Bastos, 1951, 480 p.

FALZEA, Angelo. Efficacia giuridica, *in Voci di teoria generale del diritto.* Milano, Giuffrè, 1976, p. 185-373.

FERRANTE, Matteo. *Negozio giuridico*: concetto. Milano, Giuffrè, 1950, 145 p.

FERRARA, Francesco. *Teoria del negozio illecito nel diritto civile italiano,* 2. ed. Milano, S.E.L., 1914, xvi-320 p.

FERRI, Giovanni B. *Causa e tipo nella teoria del negozio giuridico.* Milano, Giuffrè, 1968, 415 p.

--------. *Il negozio giuridico tra libertá e norma.* Rimini, Maggioli, 2ª ed., 1989, 225 p.

FRAGA, Affonso. *Da transação ante o Código Civil Brasileiro.* São Paulo, Livraria Acadêmica, 1928, 263p.

FURNO, Carlo. *Accertamento convenzionale e confessione stragiudiziale.* Firenze, Sansoni, 1948, 279 p.

GALGANO, Francesco. *Il negozio giuridico, in* CICU, A.; MESSINEO, F. *Trattato di diritto civile e commerciale,* v. III, t. I. Milano, Giuffrè, 1988, xvi-581 p.

GHESTIN, Jacques. *Traité de droit civil*; les obligations / le contrat. Paris, L.G.D.J., 1980, x-846 p.

GIORGIANNI, Michelle. *Il negozio d'accertamento.* Milano, Giuffrè, 1939, xi-200p.

-----------------. Causa (diritto privato), ***in*** *Enciclopedia del diritto,* v. VI. Milano, Giuffrè [1960] p. 547-577.

GIOVENE, Achille. *Il negozio giuridico rispetto ai terzi,* 2. ed. Torino, UTET, 1917, vii-624 p.

GITTI, Gregorio. *L'oggetto della transazione.* Milano, Giuffrè, 1999, viii-386 p.

GLÜCK, Carlo Federico. *Commentario alle pandette,* v. II. Milano, Vallardi [s.d.] 1039 p.

GOLDSCHMIDT, James. *Derecho processal civil.* Barcelona, Labor, 1936, xv-916 p.

GOMES, Orlando. *Contratos,* 17. ed. Rio de Janeiro, Forense, 1997, xii-523 p.

GORLA, Gino. *Il contratto*: problemi fondamentali trattati con il metodo comparativo e casistico, v. I. Milano, Giuffrè, 1954, vi-529 p.

-----------. *L'atto di disposizione dei diritti.* Perugia, Guerriero Guerra, 1936, 136 p.

-----------. *La riproduzione del negozio giuridico.* Padova, CEDAM, 1943, 79 p.

-----------. *Del rischio e pericolo nelle obbligazioni.* Padova, CEDAM, 1934, 445 p.

GROPALLO, Enrico. Sulla natura giuridica della transazione, ***in*** *Rivista di diritto civile.* Milano, S.E.L., ano XXIII, 1931, p. 321-384.

---------------. Sulla causa di nullità della transazione, ***in*** *Rivista di diritto civile.* Milano, S.E.L., ano XXIV, 1932, p. 325-385.

HEDEMANN, J. W. *Derecho de obligaciones.* Madrid, Editorial Revista de Derecho Privado, 1958, xxiv-612 p.

HOHFELD, Wesley Newcomb. *Fundamental legal conceptions as applied in legal reasoning* (and other legal essays). New Haven, Yale University Press, 1934, 420 p.

JUNQUEIRA DE AZEVEDO, Antônio. *Conceito, identificação e conexão de causas no direito processual civil.* São Paulo, 1967, 133 p. Tese de doutoramento em direito processual apresentada à Faculdade de Direito da USP

JUNQUEIRA DE AZEVEDO, Antônio. *Negócio jurídico*: existência, validade e eficácia, 2. ed. São Paulo, Saraiva, 1986, x-193 p.

LACERDA DE ALMEIDA, Francisco de Paula. *Dos effeitos das obrigações.* Rio de Janeiro, Freitas Bastos, 1934, 397 p.

LARENZ, Karl. *Derecho civil*: parte general. Madrid, Editorial Revista de Derecho Privado, 1978, xxix-872 p.

------------. *Derecho de obligaciones.* Madrid, Editorial Revista de Derecho Privado, v. I (1958, x-542 p.), v. II (1959, xv-730 p.).

------------. *Base del negocio jurídico y cumplimiento de los contractos.* Madrid, Editorial Revista de Derecho Privado, 1956, xxxv-237 p.

LEHMANN, Heinrich. *Tratado de derecho civil*: parte general. Madrid, Editorial Revista de Derecho Privado, 1956, xxiii-709 p.

LOBO DA COSTA, Moacyr. *Confissão e reconhecimento do pedido.* São Paulo, Saraiva, 1983, viii-123 p.

MALUF, Carlos Alberto Dabus. *A transação no direito civil e no processo civil,* 2. ed. São Paulo, Saraiva, 1999, xiv-271 p.

MERLE, Roger. *Essai de contribution à la théorie juridique de l'acte déclaratif.* Paris, Éditions Rousseau et Cie., 1949, x-374 p.

MESSINEO, Francesco. *Il contratto in genere, in* CICU, A.; MESSINEO, F. *Trattato di diritto civile e commerciale,* v. XXI. Milano, Giuffrè, t. I (1968, xxiv-828 p.), t. II (1972, xv-636 p.).

MIRABELLI, Giuseppe. *L'atto non negoziale nel diritto privato italiano.* Napoli, Jovene, 1955, xi-462 p.

----------------. La transazione, ***in*** Fiore, P.; Brugi, B. *Il diritto civile italiano secondo la dottrina e la giurisprudenza,* v. XII, parte V, 2. ed., Napoli / Torino, Marghieri / UTET, 1915, 760 p.

MOTA PINTO, Carlos Alberto da. *Cessão de contrato*; contendo parte tratando a matéria sobre o direito brasileiro. São Paulo, Saraiva, 1985, xxv-453 p.

NEVES, Celso. *Coisa julgada civil*. São Paulo, Editora Revista dos Tribunais, 1971, xvi-514 p.

NEVES, Celso. *Estrutura fundamental do processo civil*: tutela jurídica processual, ação, processo e procedimento. Rio de Janeiro, Forense, 1997, vii-325 p.

NICOLÒ, Rosario. *Il riconoscimento a la transazione nel problema della rinovazione del negozio e della novazione dell'obbligazione*. Messina, Officine Grafiche Principato, 1934, 84 p.

PERLINGIERI, Pietro. *Remissione del debito e rinunzia al credito*. Napoli, Jovene, 1968, 240 p.

PONTES DE MIRANDA. Pretensão à tutela jurídica, pretensão processual e pretensão objeto do litígio, ***in*** *Revista Forense*. Rio de Janeiro, Forense, nº 171, p. 21-30, 1957.

---------------------------------. *Tratado de direito privado*. Rio de Janeiro, Borsoi, v. I (1. ed., 1954, x-543 p.), v. II (1. ed., 1954, viii-576 p.), v. III (1.ed., 1954, xiv-511p.), v. V (1. ed., 1955, xiv-561 p.), v. VI (1. ed., 1955, xii-519 p.) v. XI (1. ed., 1955, xvi-497 p.), v. XXIII (2. ed., 1958, xvi-503 p.), v. XXV (1. ed., 1959, xv-461 p.), v. XXXI (2. ed., 1961, xiv-460 p.).

---------------------------------. *Tratado de direito privado*, v. IV, 4. ed. São Paulo, Revista dos Tribunais [1974] xvii-565 p.

--------------------------------. *Tratado das ações*. São Paulo, Editora Revista dos Tribunais, v. I (1970 x i-371 p.), v. II (1971 xiv-414 p.)

---------------------------------. *Comentários ao Código de Processo Civil*. Rio de Janeiro, Forense, v. I (2ª ed., 1979, lxvi-673 p.), v.V (1974, xxvii-487p.), v. VI (1975, xvi-542 p.).

POTHIER. Traité des obligations, *in Oeuvres* (annotées par. M. Bugnet), v. II. Paris, Marchal et Billard, 1861, lxxii-532 p.

PUCCINI, Lapo. *Contributo allo studio dell'accertamento privato*. Milano, Giuffrè, 1958, xv-400 p.

PUGLIESE, Giovanni. Azione (diritto romano), *in Novissimo Digesto Italiano*, v. II. Torino, UTET [1958] p. 24-29.

--------------. Domanda giudiziale (diritto romano), *in Enciclopedia del Diritto*, v. XIII. Milano, Giuffrè, 1964, p. 807-813.

--------------. Giudicato civile (storia), *in Enciclopedia del Diritto*, v. XVIII. Milano, Giuffrè, 1964, p. 727-785.

PUGLIESE, Giovanni. Introduzione, *in Polemica intorno all'*actio. Firenze, Sansoni, 1954, p. xi-xlviii.

RIEG, Alfred. *Le role de la volonté dans l'acte juridique en droit civil Français et Allemand.* Paris, LGDJ / Pichon e Durand — Auzias, 1961, iv-589 p.

RUBINO, Domenico. *El negocio jurídico indirecto.* Madrid, Editorial Revista de Derecho Privado, 1953, viii-197 p.

SANTORO-PASSARELLI, Francesco. *La transazione,* 2. ed. Napoli, Giovene, 1986, xv-332 p.

SCHIAVONE, Aldo. Transazione (diritto romano), *in Novissimo Digesto Italiano,* v. XIX. Torino, UTET [1973] p. 477-481.

SCONAMIGLIO, Renato. *Contributo alla teoria del negozio giuridico.* Napoli, Giovene, 1950, 445p.

SEGNI, Mario. Natura della transazione e disciplina dell' errore e della risoluzione, *in Rivista di diritto civile.* Padova, CEDAM, ano XXVIII, parte prima, 1982, p. 250-290.

SEGRÈ, Gino. Ricognizione, riproduzione e rinnovazione del negozio giuridico, *in Scritti giuridici.* Cortona (Arezzo), Stabilimento Tipografico-Commerciale, 1930, p. 638-709.

SERPA LOPES, Miguel Maria de. Obrigações em geral, *in Curso de direito civil,* v. II, 4. ed. Rio de Janeiro, Freitas Bastos, 1966.

STOLFI, Giuseppe. *La teoria del negozio giuridico.* Padova, CEDAM, 1947, xxviii-248 p.

Valsecchi, Emilio. *Giuoco, scomessa, transazione.* Milano, Giuffrè, 1954, xii-400 p.

VITERBO, Camillo. La «*res dubia*» e la «lite incerta» nella transazione, *in Rivista di diritto processuale civile.* Padova, CEDAM, v. XIV, 1937, p. 220-246.

-------------. Ancora sulla «*res dubia*» e la «lite incerta» nella transazione, *in Rivista di diritto processuale.* Padova, CEDAM, v. II, parte 2, 1947, p.125-129.

VON TUHR, Andreas. *Parte general del derecho civil,* 2. ed. Madrid, Librería General de Victoriano Suárez, 1927, xii–211 p.

VON TUHR, Andreas. *Teoria general del derecho civil alemán.* Buenos Aires, Depalma, v.I, t. I (1946, xxii-448 p.), v. II, t. I (1947, xii-368 p.), v. II, t. II (1947, xi-328 p.), v. III, t. I (1948, xv-373 p.), v. III, t. II (1948, xv-370 p.).

--------------. *Tratado de las obligaciones.* Madrid, Reus, 1934, v. I (335 p.), v. II (361 p.).

WACH, Adolf. *La pretensión de declaración.* Buenos Aires, EJEA, 1962, 139 p.

WINDSCHEID, Bernardo. *Diritto delle pandette*, vol II, parte 2ª. Torino, UTET, 1904.

ZACHARIÆ von LINGENTHAL, K. S. *Manuale del diritto civile francese*. Milano, S.E.L., 1907, v. 1 (xxiv-646 p.), v. 2 (xiv-772 p.).